U0583328

长白文库

丛书主编 郑毅

吉林外纪

清·萨英额 撰

史吉祥 张羽 点校

吉林文史出版社

《长白文库》编委会

（排名不分先后）

《长白文库》总序

中华优秀传统文化是中华民族的“根”和“魂”，习近平总书记高度重视中华优秀传统文化，并将其作为治国理政的重要思想文化资源。“不忘本来才能开辟未来，善于继承才能更好创新。”“优秀传统文化是一个国家、一个民族传承和发展的根本，如果丢掉了，就割断了精神命脉。”中华优秀传统文化具有多样性和地域性等特征，东北地域文化是多元一体的中华文化中的重要组成部分。吉林省地处东北地区中部，是中华民族世代生存融合的重要地区，素有“白山松水”之美誉，肃慎、扶余、东胡、高句丽、契丹、女真、汉族、满族、蒙古族等诸多族群自古繁衍生息于此，创造出多种极具地域特征的绚烂多姿的地方文化。为了“弘扬地方文化，开发乡邦文献”，自20世纪80年代起，原吉林师范学院李澍田先生积极响应陈云同志倡导古籍整理的号召，应东北地区方志编修之急，服务于东北地方史研究的热潮，遍访国内百余家图书馆寻书求籍，审慎筛选具有代表性的著述文典300余种，编撰校订出版以《长白丛书》（以下简称《丛书》）为名的大型东北地方文献丛书，迄今已近40载。历经李澍田先生、刁书仁和郑毅两位教授三任丛书主编，数十位古籍所前辈和同人青灯黄卷、兀兀穷年，诸多省内外专家学者的鼎力支持，《丛书》迄今已共计整理出版了110部5000余万字。《丛书》以“长白”为名，“在清代中叶以来，吉林省疆域迭有变迁，而长白山钟灵毓秀，蔚然耸立，为吉林名山，从历史上看，不咸山于《山海经·大荒北经》中也有明确记录，把长白山当作吉林的象征，这是合情合理的。”（《长白丛书》初版陈连庆先生序）

1983年吉林师范学院古籍研究所（室）成立，作为吉林省古籍整理与研究协作组常设机构和丛书的编务机构，李澍田先生出任所长。全国高校古籍整理工作委员会、吉林省教委和省财政厅都给予了该项目一定的支持。李澍田先生是《丛书》的创始人，他的学术生涯就是《丛书》的创业史。《丛书》能够在国内外学界有如此大的影响力，与李澍田先生的敬业精神和艰辛努力是分不开的。《丛书》创办之始，李澍田先生“邀集吉、长各地的中青年同志，乃至吉林的一些老同志，群策群力，分工合作”（初版陈序），寻访底本，夙兴夜寐逐字校勘，联络印刷单位、寻找合作方，因经常有生僻古字，先生不得不亲自到车间与排版工人拼字铸模；吉林文史出版社于永玉先生作为《丛书》的第一任责编，殚精竭虑地付出了很多努力，为《丛书》的完成出版做出了突出贡献；原古籍所衣兴国等诸位前辈同人在辅助李澍田先生编印《丛书》的过程中，一道解决了遇到的诸多问题、排除了诸多困难，是《丛书》草创时期的重要参与者。《丛书》自20世纪80年代出版发行以来，经历了铅字排版印刷、激光照排印刷、数字化出版等多个时期，《丛书》本身也称得上是改革开放以来中国印刷史的见证。由于《丛书》不同卷册在出版发行的不同历史时期，投入的人力、财力受当时的条件所限，每一种图书的质量都不同程度留有遗憾，且印数多则千册、少则数百册，历经数十年的流布与交换，有些图书可谓一册难求。

1994 年，李澍田先生年逾花甲，功成身退，由刁书仁教授继任《丛书》主编。刁书仁教授“萧规曹随”，延续了《丛书》的出版生命，在经费拮据、古籍整理热潮消退、社会关注度降低的情况下，多方呼吁，破解困局，使得《丛书》得以继续出版，文化品牌得以保存，其功不可没。1999 年原吉林师范学院、吉林医学院、吉林林学院和吉林电气化高等专科学校合并组建为北华大学，首任校长于庚蒲教授力主保留古籍所作为北华大学处级建制科研单位，使得《丛书》的学术研究成果得以延续保存。依托北华大学古籍所发展形成的专门史学科被学校确定为四个重点建设学科之一，在东北边疆史地研究、东北民族史研究方面形成了北华大学的特色与优势。

2002 年，刁书仁教授调至扬州大学工作，笔者当时正担任北华大学图书馆馆长，在北华大学的委托和古籍所同人的希冀下，本人兼任古籍所所长、《丛书》主编。在北华大学的鼎力支持下，为了适应新时期形势的发展，出于拓展古籍研究所研究领域、繁荣学术文化、有利于学术交流以及人才培养工作的实际需要，原古籍研究所改建为东亚历史与文献研究中心，在保持原古籍整理与研究的学术专长的同时，中心将学术研究的视野和交流渠道拓展至东亚地域范围。同时，为努力保持《丛书》的出版规模，我们以出文献精品、重学术研究成果为工作方针，确保《丛书》学术研究成果的传承与延续。

在全方位、深层次挖掘和研究的基础上，整套《丛书》整理与研究成果斐然。《丛书》分为文献整理与东亚文化研究两大系列，内容包括史料、方志、档案、人物、诗词、满学、农学、边疆、民俗、金石、地理、专题论集 12 个子系列。《丛书》问世后得到学术界和出版界的好评,《丛书》初集中的《吉林通志》于 1987 年荣获全国古籍出版奖,三集中的《东三省政略》于 1992 年获国家新闻出版总署全国古籍整理图书奖，是当年全国地方文献中唯一获奖的图书。同年，在吉林省第二届社会科学成果评奖中，全套丛书获优秀成果二等奖，并被国家新闻出版总署列为“八五”计划重点图书。1995 年《中国东北通史》获吉林省第三届社会科学优秀成果二等奖。2005 年,《同文汇考中朝史料》获北方十五省（市、区）哲学社会科学优秀图书奖。

《丛书》的出版在社会各界引起很大反响，与当时广东出现的以岭南文献为主的《岭南丛书》并称国内两大地方文献丛书,有“北有长白，南有岭南”之誉。吉林大学金景芳教授认为“编辑《长白丛书》的贡献很大，从《辽海丛书》到《长白丛书》都证明东北并非没有文化”。著名明史学者、东北师范大学李洵教授认为：“《长白丛书》把现在已经很难得的东西整理出来，说明东北文化有很高的水准，所以丛书的意义不只在于出了几本书，更在于开发了东北的文化，这是很有意义的，现在不能再说东北没有文化了。”美国学者杜赞奇认为“以往有关东北方面的材料，利用日文资料很多。而现在中文的《长白丛书》则很有利于提高中国东北史的研究”（《长白丛书》出版十周年纪念会上的发言）。中国社会科学院边疆史地研究中心主任厉声研究员认为：“《长白丛书》已经成为一个品牌，与西北研究同列全国之首。”（1999 年 12 月在《长白丛书》工作规划会议上的发言）目前,《长白丛书》已被收藏于日本、俄罗斯、美国、德国、英国、加拿大、澳大利亚、韩国及东南亚各国多所学府和研究机构，并深受海内外史学研究者的关注。

为了更好地传承和弘扬优秀地域文化,再现《丛书》在“面向吉林，服务桑梓”方面的传统与特色，2010年前后，我与时任吉林文史出版社社长的徐潜先生就曾多次动议启动出版《长白丛书精品集》，并做了相应的前期准备工作，后因出版资助经费落实有困难而一再拖延。2020年，以十年前的动议与前期工作为基础，在吉林省省级文化发展专项资金的资助下，北华大学东亚历史与文献研究中心与吉林文史出版社共同议定以《长白丛书》为文献基础，从《丛书》已出版的图书中优选数十种具有代表性的文献图书和研究著述合编为《长白文库》加以出版。

《长白文库》是在新的历史发展时期对《长白丛书》的一种文化传承和创新，《长白丛书》仍将以推出地方文化精华和学术研究精品为目标，延续东北地域文化的文脉。

《长白文库》以《长白丛书》刊印40年来广受社会各界关注的地方文化图书为入选标准，第一期选择约30部反映吉林地域传统文化精华的图书，充分展现白山松水孕育的地域传统文化之风貌，为当代传统文化传承提供丰厚的文化滋养，是一件功在当代、利在千秋的文化盛举。

盛世兴文，文以载道。保存和延续优秀传统文化的文脉，是人文社会科学研究者的社会责任和学术使命，《长白丛书》在创立之时，就得到省内外多所高校诸多学界前辈的关注和提携，“开发乡邦文献，弘扬地方文化”成为20世纪80年代一批志同道合的老一辈学者的共同奋斗目标，没有他们当初的默默耕耘和艰辛努力，就没有今天《长白丛书》这样一个存续40年的地方文化品牌的荣耀。“独行快，众行远”，这次在组建《长白文库》编委会的过程中，受邀的各位学者都表达了对这项工作的肯定和支持，慨然应允出任编委会委员，并对《长白文库》的编辑工作提出了诸多真知灼见，这是学界同道对《丛书》多年情感的流露，也是对即将问世的《长白文库》的期许。

感谢原吉林师范学院、现北华大学40年来对《丛书》的投入与支持，感谢吉林文史出版社历届领导的精诚合作，感谢学界同人对《丛书》的关心与帮助！

郑　毅

谨序于北华大学东亚历史与文献研究中心

2020年7月1日

目　录

点校说明

一、《吉林外纪》成书于道光七年（1827）八月，系吉林最早的志书。

二、本书曾有光绪二十一年（1895）桐庐袁氏刊刻《渐西村舍汇刊》本（简称“渐西本”）、光绪二十三年（1897）上海著易堂《小方壶斋舆地丛钞再补编》铅印本（简称“小方壶本”）、光绪二十六年（1900）《广雅书局丛书》本（简称“皇朝本”）、光绪二十九年（1903）金匮浦氏刻印《皇朝藩属舆地丛书》本和上海商务印书馆编印《丛书集成新编》简称“丛书集成本”等版本。

三、今以吉林市博物馆馆藏《吉林外纪》抄本为底本，参照《渐西村舍汇刊》本、《小方壶斋舆地丛钞再补编》铅印本、《广雅书局丛书》本，以及《吉林通志》《旧唐书》《新唐书》《辽史》《金史》《元史》等书进行校勘。

四、本书选定吉林市博物馆馆藏《吉林外纪》抄本为底本，原因有三：

1．吉林市博物馆馆藏《吉林外纪》抄本，载有《吉林乌拉舆略图》和外纪作者萨英额为图所作序言，这是其他刊行本所没有的。《吉林乌拉舆略图》所绘吉林将军统辖地区的治所、驿站和柳条边墙及边门的位置，简而且明，令人一目了然，是一张难得的舆图，对研究吉林省的历史是很有价值的。

2．吉林市博物馆馆藏《吉林外纪》抄本，载有吉林将军固庆于咸丰元年（1851）八月为《吉林外纪》出版所写的序言，这也是其他刊行本所没有的。但不详何因，附有固庆为序的《吉林外纪》未能刊行。

3．各刊行本对《吉林外纪》的成书时间皆无明确记载，2000年上海辞书出版社出版的《辞海》在《吉林外纪》条中，亦仅记载："道光中萨英额撰。"而在吉林市博物馆馆藏《吉林外纪》手抄本中，于萨英额为志所作序言后，却明确记载"道光七年八月"。

根据以上举例，证明吉林市博物馆馆藏《吉林外纪》手抄本，具有其他刊行本所不及的优点。

五、为力求简化，避去烦琐，本书按下列原则出作校记：

1．凡手抄本为正，其他刊行本作误者，均不出校记，例如卷七，税课条内，手抄本为："三姓额征牲畜、烟、麻、牙、当、烧酒、豹皮税银共四百四十三两二钱五分五厘。"其他刊行本俱讹作"四百四十三两二钱五分二厘"。又，"以上应征税课银七千五百六十二两四钱一分五厘"，其他刊行本俱脱。

2．书中所列人名、地名，多系满族语音，汉字记载，因此，《吉林外纪》手抄本与各刊行本以及和光绪年间成书的《吉林通志》所记，各有不同。本书对音同或音通而字异者不出校记。

3．大金得胜陀颂碑文，各本以及《满洲金石志稿》所载各有异同，亦不出校记。

4．凡抄本笔误之处，则据其他刊行本更正，也不出校。如卷一"周斐"条：手抄本作"桦皮原盈寸许"，改为"桦皮厚盈寸许"。

5．书中仅对原抄本与各刊行本所载内容相异且两通之处出校。

六、本刊本根据《长白文库》所订校点通例，进行标点，力求简化。

但为阅读方便，对部分简化书名，一般亦括以书名号。如书中所称《通志》，非宋代郑樵所撰的《通志》，乃作者对《盛京通志》的简称；《本草》系《本草纲目》。

此外，卷一《御制诗歌》页下注文为原书夹注，非点校者释文。

叙

天下各省、郡、县皆有志。志者，所以纪其地之山川、疆域、建置、沿革、城池、学校、公廨、苑囿、祠祀、桥梁、古迹，与夫官职之大小、兵额之多寡、钱粮出入之数、田产物土之宜、人物风俗之异，靡不职要职详，载之简编，俾莅治者披卷即得其概，洵为政之要也。吉林乌拉，我朝发祥之初，为满洲虞猎之地，在京师东北二千三百里。顺治十五年，因防俄罗斯，造战船于此，名曰船厂。嗣置省会，移驻将军，改名吉林乌拉。以宁古塔、伯都讷、三姓、阿拉楚喀、打牲乌拉各城隶焉。南迎长白，北绕松花，扼三省之要冲，为两京之屏障，诚沿江近边一形胜要区也。余奉恩命，来镇兹土。下车后，即寻志书观览，佥称吉林向无志，因思盛京、黑龙江皆有志，吉林独无志。其山川道里仅附见于《奉天通志》，不全不备，颇以为憾。闻富松岩相国前帅此地，曾以属主政萨英额撰《外纪》十卷。亟取而览之，考订详明，纂述简要，秩然犁然，有裨政治。第惜未经刊刻，恐传写讹误，日久散佚，爰商诸同人，付之剞劂，以垂永大，为后来者取资考证焉。夫为志难，为吉林志则尤难。以吉林地皆满洲、蒙古，山川地名、人民风土又多系国语，以汉文字音求之，鲜不讹谬。又向无志书，无可考据，采摭殊不易。兹编能详《通志》之所略，而略其所详，于建义学，请书籍，设双城堡屯田，垦伯都讷闲荒，移住京居旗民，皆备载之。于地方大有关系，而出治者所宜留意浏览也。因缀言简端，而为之叙。

咸丰元年辛亥八月长白固庆[一]书于吉林将军官舍

自　序

天下府、州、县莫不有志，盛京有《通志》，黑龙江有《志》又有《纪》。吉林为我朝发祥根本之地，并无记载，岂非阙典。谪居吉林废[1]员内不乏名家巨笔，何难著述；第人地两生，不知风土人情，山川、城池、地名又多系国语，以汉文字音求解，鲜不豕亥，此富松[2]岩大宪之所以不委诸外员，而命萨英额作纪[3]也。宪谕谆谆，责成甚切，不便固辞，有负大宪问政观俗、作人雅化之意。于是退食之暇，搜罗采访，集腋成裘，虽文采不足观，而事必征实，言皆有据。并考志内所载，略其所详，详其所略，共成数篇，分别条类呈正。惟是吉林通省旧城遗迹甚多，未及遍考，不免挂漏。而大宪之莅吉林四任，建义学，调剂驿站、官庄，请书籍，枭盗魁，嘉庆二十四年缉获盗首刘德、王五二犯，刑司援引拟遣，大宪驳饬，照响马强盗得赃例具奏，枭示西门外，盗劫之风遂息。设双城堡屯田，垦伯都讷闲荒，备移京旗，开旗人万年之生计，种种善政不可枚举。自愧荒疏[4]，不能详述，统俟后之貂续[5]。

吉林堂主事萨英额谨识

道光七年八月

《盛京通志》列吉林将军所属形势图，了如指掌，亦既详且明矣。此图仅绘长白山、望祭山，纪[6]瑞也。绘松花江及边栅，纪[7]关津也。绘四镇四协，纪[8]官也。一统河暨边外之长春厅附焉。绘台站，纪[9]堠里也。且补《通志》所无。展卷之余，益著同轨之盛焉。

萨英额再识

吉林乌拉舆略图

卷　一

御制诗歌

御制松花江放船歌康熙二十一年

松花江，江水清，夜来雨过春涛生。
浪水叠锦绣縠明，彩帆画鹢随风轻。
箫韶小奏中流鸣，苍岩翠壁两岸横。
浮[10]云耀日何晶晶，乘流直下蛟龙惊。
连樯接舰屯江城，貔貅健甲皆锐精。
旌旄映水翻朱缨，我来问俗非观兵。
松花江，江水清，浩浩瀚瀚冲波行，
云霞万里开澄泓。

经叶赫废城

断垒生初草，　　空城尚野花。
翠华今日幸，　　谷口动鸣笳。

入乌拉境

苍山岌嶪路绵延，野烧荒原起夕烟。
几点寒鸦宿枯树，半湾流水傍行旃。

松花江网鱼最多颁赐从臣

松花江水深千尺，捩柁移舟网亲掷。
溜洄水急浪花翻，一手提网任所适。
须臾收处激颓波，两岸奔趋人络绎。
小鱼沉网大鱼跃，紫鬣银鳞万千百。
更有巨尾压船头，载以牛车轮欲折。
水寒冰结味益佳，远笑江南夸鲂鲫。
遍令颁赐扈从臣，幕下传薪递烹炙。
天下才俊散四方，网罗咸使登岩廊。
尔等触物思比托，捕鱼勿谓情之常。

驻跸乌拉之船厂，壬戌春夏巡行此地，每五日一奏请圣祖母太皇太后安，今不可得矣！书志慨慕。

曾问慈宁草奏笺，夜张银烛大江边。
重来往事俄追忆，转眼光阴十七年。

乌拉山嵲间，古木灌莽，泽潦遍野，即黄龙府之地也。

今人未暇详考。赋诗二首

其　一[11]

层岗翳荟乱高低，骏马迎风不住嘶。
碛里草深行辽[12]阔，迟回应惜锦障泥。

其　二

路转山环杂古柯，覆茅苫舍傍坡陀。
疆隅湮没辽金界，虎穴鹰巢处处多。

行围所经辉发、叶赫、哈达诸地[13]，皆我祖宗之所开创[14]，

遗迹存焉。赋诗二首

其　一

铁马金戈百战时，戎衣辛苦首开基。
榻边鼾睡声先定，始布中原一著棋。

其　二

垣墉遗迹尚山坳，略地平城辟土茅。
荡涤尘沙真不易，仰思遗烈驻云旃。

御制诗　乾隆十九年

七月五日东巡，自避暑山庄启跸之作

避暑居停逮晓秋，朝来清跸启龙游。
远人宴赉鸿仪备，炎月栖迟马足休。

恰悟兹来即向往，因思欲进每资留。
山田是处苍华黍，未敢先期道有收。

上陵诚蕴十年余，皓日金风行色舒。
山馆南看嶂犹近，吉林东指路还纡。
每怀侯度咨休助，常喜慈宁奉起居。
七萃率能知大义，宁因跋涉怨咨予。

赐吉林将军傅森

数处开牙尽有名，大东作镇翼陪京。
将军底事无勋绩，累洽重熙值太平。

入伊屯边门

部落行将遍，吉林望不遥。
迎人山色近，碍路涨痕消。
树野[15]经枫叶，边墙近[16]柳条。
初来原故土，所遇匪新招。
瞻就心何切，勤劳意岂骄。
省方逢大吉，宝穑报丰饶。

赐吉林将军及官兵丁宴

黄幔青山皓日晴，沛丰欢宴浃群情。
恩颁军士皆凫藻，席预嘉宾适鹿鸣。①

① 时蒙古王公扈驾者，亦令入宴。

却喜多人能旧舞，[①]翻嫌小部镇新声。
本来此地无租赋，底用当筵吁减征。

驻跸吉林将军署复得诗三首

霏微夜雨晓来轻，启跸油云倏忽生。
几点秋霖刚过阵，满空皓日大开晴。
地灵信是庥祥兆，人意都增悦豫情。
天作高山景仰近，应歆切切继先诚。

星汉南来直北流，[②]萦回漭沆卫神州。
城临镜水沧烟上，地接屏山绿树头。
辐辏闾阎市中日，往来舸舰织清秋。
设教图入丹青画，应拟宣城谢氏楼。

皇祖当年驻棨衙，迎鸾父老尚能夸。
讵无洒扫因将敬，所喜朴淳总不奢。
木柱烟筒犹故俗，纸窗日影正新嘉。
盆中更有仙家草，五叶朱旒茁四桠。

驻跸库勒讷窝集口占

窝集夫何许，遥瞻已不凡。

① 国朝喜起舞，乃旧俗，宴乐每用之，俗所谓嘛克新者也。
② 国语松阿里乌拉，松阿里者，即天河也。汉语因名松花江。

真堪称树海，乍可悟华严。
紫翠纷岡砢，茏葱锁嶨岩。
恰如望瀛渤，未饮早知咸。

人　参　乾隆四十三年

深山邃谷中，参枝滋茁，岁产既饶，世人往往珍为上药。盖神皋钟毓，厥草效灵，亦王气悠长之一征耳。

奥壤灵区产神草，三桠五叶迈常伦。
即今上党成凡品，自昔天公荐异珍。①
气补那分邪与正，②口含可别伪和真。
文殊曰能活能杀，冷笑迷而不悟人。

貂

乌拉诸山林中多有之，人以捕貂为恒业，〔二〕岁有贡貂额，第其等以行赏。冬时供御用裘冠，王公大臣亦服之，以昭章采。

东瀛物产富难详，美毳尤称貂鼠良。
食喜松皮和栗实，色惟重黑乃轻黄。③
虱谈被困苏季子，狗盗献嗤齐孟尝。

① 昔陶弘景称人参上党者佳，今惟辽阳、吉林、宁古塔诸山中所产者神效。上党之参，直同凡卉矣。

② 人参固能扶羸济弱，然余谓其助正气即助邪火，而人多思借以资补，每受其害而不悟，亦足嗤矣。

③ 貂以丰厚纯黑者为上，黄又次之。毛泽润而香，则以喜食松栗之实，故也。

狐白那堪相比拟，名裘黼黻佐朝章。①

东 珠

东珠，出混同江及乌拉、宁古塔诸河中。匀圆莹白，大可半寸，小者亦如菽颗。王公等冠顶饰之，以多少分等秩，昭宝贵焉。

出蚌阴精称自古，大东毓瑞未前闻。
混同鸭绿圆流颗，②合浦交州独产分。
取自珠轩供赋役，③殊他蜑户效殷勤。
纬萧亦识留名喻，沽誉难更旧制云。

松 子

松子诸山皆产，而辽东所产更胜。盖林多千年之松，高率数百尺，枝干既茂，故结实大而芳美，亦足征地气滋培之厚也。

窝集林中各种松，中生窠者亦稀逢。
大雪遥望铺一色，宝塔近瞻涌几重。④
鳞切蚌舍[17]形磊落，三稜五粒味甘浓。
偓佺曾遗尧弗受，小矣子房学步踪。

---

① 貂裘可作常服，三品以上大臣及京堂翰詹官皆得用之。若为端罩，惟以供御用，余则皇子诸王亦得用为朝祭之服。

② 二江名。

③ 采珠者乃打牲乌拉包衣下食粮人户，合数人为一起，谓之珠轩。以四月乘舟往，至八月回，各以所得之珠纳之于官，如供赋焉。

④ 松子生松塔中，其形下丰上锐，层瓣鳞砌，望之如窣堵。每瓣各藏一粒，既熟，则瓣开而子落。

法　喇　柁床也

似榻无足，似车无轮，冬日御之。亦有施毡幄及麅鹿皮围者，以马牛骡挽行冰雪中，稳捷便利。

服牛乘马取诸随，制器殊方未可移。
似榻似车行以便，曰冰曰雪用皆宜。
孤篷虽逊风帆疾，峻坂无愁衔橛危。
太液柁床龙凤饰，椎轮大辂此堪思。

拉　哈　圬墙所缀麻也

筑土甃坏为墙壁，以横木约尺许为一档，缀麻草下垂，缘之以施圬墁，经久不倒，亦国初朴素故俗也。

层层坏土砌为墙，缀以沤麻色带黄。
妇织男耕斯室处，幼孳壮作旧风蘉。
底称凿遁颜家闼，漫喻操嘻圬者王。
故俗公刘传芮鞫，九重此况慎毋忘。

霞　绷　糠灯也

以蓬梗为干，抟谷糠和膏涂之，燃以代烛，用资其亮。开国勤俭之风，即可见。

抟糠涂梗传之膏，继日相资夜作劳。
土障葛灯应忆朴，驼头凤脑漫夸豪。
未知勤读邻凿壁，且佐服田宵索绹。
此日旧宫试燃者，称先何异土风操。

周　斐　桦皮房也

桦皮厚盈寸许，取以为室，覆可代瓦，旁作墙壁户牖。即以山中所产之木用之，费不劳而工省，满洲旧风，无[18]东周之陶复陶穴也。

野处穴居传易传，[①]桦皮为室鲜前闻。
风何而入雨何漏，梅异其梁兰异棼。
占吉檐头鹊常报，防寒墙角鼠还熏。
称名则古惟淳朴，却非[19]斐然周尚文。

赐吉林将军福康安　乾隆四十三年

从征能奋武，[②]贰部亦通文。
知可栋梁任，因教节钺分。
迎銮仍扈跸，鉴悃匪嘉勤。
汝父家声在，[③]勉之尊所闻。

赐吉林将军庆桂　乾隆四十八年

连疆因观谒，扈跸日趋随。
虽未父书读，[④]犹存世德规。
俾之习政事，[⑤]已可镇边陲。

① 去声。

② 福康安以侍郎命征剿金川，奋勇著绩，录其功，授嘉勇男世爵，列紫光阁前五十功臣。

③ 福康安为故大学士忠勇公傅恒之子。

④ 庆桂乃尹继善之子。继善，词臣出身。庆桂由父荫得官。

⑤ 曾在军机处行走。

夫子训孟武，其言汝尚思。①

赐吉林将军秀林　嘉庆十年

皇清发祥始，福地接兴京。
境擅山川异，人皆弧矢精。
抒忠尽汝职，务本副予诚。
训练咸英锐，旧章慎勿更。

赐吉林将军松箖　嘉庆二十三年

天造邦家肇，吉林实故乡。
白山发祥远，黑水溯源长。
守土依前则，诘戎率旧章。
顽民勤教化，务令顺纲常。

仿《通志》首列天章，所以尊圣训而昭敬谨也。萨吉夫主政，以所编《吉林外纪》见示，载尚书富松岩师惠政甚多，因题其后。

挹娄陈迹久难寻，安乐今传治世音。
都会尽沿新鸭水，醇风直溯古鸡林。
金城②独纂农桑要③，玉塞三瞻棨戟临。④
赖有文人能载笔，桑阴纪遍又棠阴。

元伯[20]马瑞辰

谨题

① 庆桂多病，且尚有生母，故训之。

② 双城堡为金时故城。

③ 王畹香太守新编《双城堡屯田纪略》。三屯，乃松岩师创辟。

④ 松岩师三任吉林将军。

元伯，安徽桐城人，进士出身。初任至工部郎中，因公获罪，遣戍沈城，委书院山长。生徒中式二名，卓有成效。将军富俊奏赏主事衔，升工部副郎。又获咎，遣戍黑龙江，捐赎回籍。见此纪前篇，故有此作。

卷　二

疆域形胜
山　　川
城　　池

疆域形胜

吉林乌拉在京师东北二千三百里，我朝发祥之始，为满洲虞猎之地，顺治十五年因防俄罗斯造战船于此，名曰船厂。后置省会，移驻将军，改名吉林乌拉。宁古塔、伯都讷、三姓、阿勒楚喀、打牲乌拉各城隶焉。国语吉林，沿也；乌拉，江也。以军民住居沿江之一带也。康熙二十四五年间，谕旨内谓几林乌喇，旧志又谓吉临乌喇。曰几与吉、临与林，汉字音同也。今通称吉林，从汉语之讹，省文也。然于国语不相属焉。其境，南至讷秦窝集七百三十里，至长白山一千三百里；东至都岭河、宁古塔界四百里；西至威远堡、盛京界五百七十里；北至法特哈门、黄山咀子、伯都讷界一百九十五里。远迎长白，近绕松花，扼三省之要冲，为两京之屏障，是吉林乌拉之形胜也。

布特哈乌拉，旧为纳[21]拉氏布占泰贝勒之国。太祖讨平之，授其子孙官职，编户万家。旧城临江，康熙二十四年，改筑于旧城之东，防水患也。圣祖巡幸驻跸，谓黄龙府即其地，赋诗有“疆域[22]湮没辽金界，虎穴鹰巢处处多”之句。布特哈，译言虞猎也；乌拉，江也。故有打牲乌拉之称。打牲，汉语也；乌拉，国语也。连读之则以乌拉为地名，于国语不相属焉。《通志》亦作打牲乌喇。城在今省城北七十里，南至三家村四十里，北至康家屯六十八里，东至团山子二十三里，西至恩丕口二十四里，皆与省城连界。峰呈东岭，屏列一方；水漾松花，带环三面，是布特哈乌拉之形胜也。以后吉林乌拉书吉林，布特哈乌拉书乌拉，从汉语省文也。

伊通河，以河得名。河源出额黑峰，北出边外，入混同江。旧志作易屯河，而于河出边之处又曰一统门。易屯、一统皆伊通之讹音也。在省城西二百九十里，东连省会，西达开原，两省通衢，一水环绕，是伊通河之形胜也。

额穆赫索罗，旧窝集部地也。以额穆和得湖名。索罗，国语枣也。太祖命贝勒巴雅喇率兵征东海，取鄂摩和索[23]屯寨，即此额穆赫也。音同字异，今汉语直呼为额穆索矣。在省城东三百六十里，山卫三方，水环一带，是额穆赫索罗之形胜也。

巴彦鄂佛罗边门，旧名法特哈，以山得名。山在法特哈江西，高十余步，周数十步，形如兽蹄，山根下有蹄爪之痕。圣祖巡幸驻跸，指门外黄山咀子改名巴彦鄂佛罗门。在省城东北一百八十里，门外至黄山咀子十五里，伯都讷界。国语法特哈，蹄也。巴彦，富也。言林木茂盛也。鄂佛罗，山咀也。

伊通门，即易屯边门，在省城西北一百九十里，门外长春厅界。

黑尔苏边门，即克勒苏门。黑尔苏，长白山西北，河名。称克勒苏者，汉语还音之讹也。旧志亦作黑尔苏门。在省城西北四百六十七里，门外蒙古界。

布尔图库边门，旧名布尔图库苏巴尔汉，又名半拉山门。布尔图库未详，或称蒙古语完全之义。苏巴尔汉，国语塔也，以门之东南塔山为名。乾隆年间，奉部文裁苏巴尔汉四字，惟称布尔图库。旧志称布儿得库苏巴尔汉门。在省城西北四百六十里，门外蒙古界。

以上四门，自法特哈东亮子山，至布尔图库西威远堡门，围长六百二十二里，边栅高四尺五寸，边壕宽深各一丈。

圣世遐迩，晏康贡琛，万国边门之设，志疆域也。

长春厅，蒙古郭尔罗斯地也。郭尔罗斯公恭额拉布坦，私招内地民人张立绪等开地，嘉庆四年奉旨，派将军秀林会同盟长拉旺前往查办。将军秀林等以事阅多年，已开地二十六万余亩，居民二千余户，未便驱逐，奏请设立通判、巡检弹压，归吉林将军管辖。在省城西北二百八十里，南至伊通边门十五里省城界，东至穆什河一百九十里，西至巴延吉鲁克山四十里，北至吉家窝棚一百七十二里，皆蒙古界。枕山带河，远镇沙漠，是长春厅之形胜也。

宁古塔，国语数之六也。《开国方略》“六祖各筑城分居，称宁古塔贝勒”，因以为名。又称以塔为名者，附会也。城在今省城东南五百九十里，南至土门江朝鲜界六百里，东至海三千余里，西至都岭河吉林界二百五十里，北至混同江蒙古界六百里。南瞻长白，北绕龙江，允边城之雄区，壮金汤之帝里，是宁古塔之形胜也。

珲春，以河得名。与朝鲜清源府仅隔一江，昼则樵采相望，夜则更鼓可闻，太祖时已有此地，《八旗世族通谱》谓为舒穆噜氏满洲喜尔泰等所居之地。喜尔泰，大学士，舒赫德之曾祖也。地在省城东南一千二百里，南至海一百一十里，北至佛思恒山一百二十里宁古塔界，东至海二百八十里，西至土门江二十里朝鲜界，左环沧海，右带门江，外控高丽，内屏重镇，是珲春之形胜也。

伯都讷，蒙古谓鹁曰布都讷，今通称伯都讷者，转布为伯也。旧志作伯[24]都讷。国初锡伯所居之地。锡伯，蒙古别族也。或称有蒙古台吉萨颜岔一户居住此地，今伯都讷蒙古佐领即其遗属也。城在省城西北五百四十里，南至松花江郭尔罗斯查浑界二里，西至混同江，东至[25]兰陵河阿勒楚喀界一百三十里，北至松花江郭尔罗斯八图界七十里。江带三方，田沃万顷，是伯都讷之形胜也。

三姓，又名依兰哈拉。国语依兰，三；哈拉，姓也。乃努叶勒、葛依克勒、湖西哩三姓赫哲也。赫哲，俗称黑津，指黑水为名也。《通志》称黑真。圣祖时三姓赫哲贡貂皮，编三姓族长为三世管佐领，因以名城。城在省城东北一千三百里，南至阿穆兰呼勒山宁古塔界二百八十六里，北至布雅密河古木讷城黑龙江界四十里，东至海四千八百里，西至占哈达阿勒楚喀界二百八十里。双江带环，两山屏障，是三姓之形胜也。

阿勒楚喀，以水得名。《宋史》：女贞国居按出虎水之上。[26]《通志》："金始祖居布尔噶水之涯，至献祖定居于阿勒楚喀水之侧。旧作按出虎，此谓女贞旧地无疑"。按：清字音，按与阿勒[27]似近，出字与楚同，虎字首与喀字首同。本处人习于国语，转音之讹也。俗称阿什河，亦按出虎河之讹音也。旧志作阿尔楚喀。城在省城东北四百六十里，南至[28]莫楞山一百二十里伯都讷界，北至松花江七十里蒙古界，东至马彦河二百里三姓界，西至兰陵河一百二十里伯都讷界。松花北绕，兰陵东注，是阿勒楚喀之形胜也。

拉林，旧志称兰陵，以河得名。清字，拉与兰，林与陵音母同，而转音不同，今通称拉林，转音之讹也。地在省城东北四百里，南至拉林河二十里伯都讷界，北至松花江一百八十里黑龙江界，东至阿勒楚喀河五十里阿勒楚喀界，西至拉林河五十里伯都讷界。山环东北，水绕西南，是拉林之形胜也。

双城堡，旧名双城子。拉林多欢站西北二十里，逦有土城基二，相去甚近，城基周围皆不及一里。自城基北，丛草迷离，间有居民迤逦百余里，统而名之曰双城子，盖金故城，而莫考其详也。旧属拉林协领管界。嘉庆二十年，将军富俊轸念旗丁生计，亲诣履勘，以斯地坦平沃衍，可以移驻京旗闲散二三千户。奏定先拨本省闲散开种，后移驻京旗，设立中左右三屯。每屯八旗各分两翼，居中者为中屯，东为左屯，西为右屯。计人授亩，有古井田遗风。设协领等官督耕并资弹压。地在省城东北四百九十里，东西距一百三十里，南北距七十里，四面仍皆拉林界。阿勒楚喀在其东，伯都讷在其西，实省北一大屏障。兰陵西绕，松花东注，南河北江，前襟后带，是双城堡之形胜也。

山川

长白山，《山海经》作不咸山，《唐书》作太白山，《明一统志》云："在故会宁府南六十里，横亘千里，高二百里，其巅[29]有潭，周围八十里。"旧志云：在永吉州东南一千三百余里。按：故会宁府在宁古塔西南六十里，湖尔哈河之南。今其内外城遗址俱在。永吉州即今吉林。宁古塔在吉林东南五百四十余里。长白山应在会宁府西南六百余里。康熙十六年，内大臣武木讷等，六月三日由吉林乌喇启行，十六日至山麓。则旧志云在永吉州东南一千三百余里者是，而《明一统志》所云在故会宁府南六十里者非。然康熙二十三年，驻防协领勒出等，周围相山形势，广袤绵亘，与《明一统志》所云无异。则其所云在会宁府南六十里者，或因金大定十二年即山北建庙，册为兴国灵应王，有司致祭。如今之望祭山，人人称为小白山，遂指其建庙处而言欤？或山之北，延袤盘曲，为冈为陵，指其支裔而言欤？山之灵异，惟目睹为真，因录方渭仁《长白山记》于左。

长白山记　遂安方象瑛渭仁著

康熙十有六年四月望，上以长白山发祥要地，特命内大臣觉罗武木讷、一等侍卫兼御前侍卫费耀色、一等侍卫塞护理等，于大暑前驰驿往。五月四日启行，十四日至盛京，二十三日至乌喇。宣谕镇守将军等召村庄猎户，皆无知长白者。都统尼雅漠族祖戴穆布鲁世采猎，以老退闲，自言祖居额赫讷阴，闻其父尝云猎鹿长白山，负以归，四日可抵家。以此度之，长白山距讷阴当不远。因问讷阴路几何，猎户噶喇大、额黑等曰："陆路行十日，水路乘小舟二十日。"乃命猎人噶喇大[30]前导，各持三月粮，又虑食尽马乏不能归也，期将军巴海载米一舟，候于讷阴。于是噶喇大、额黑等由舟，觉罗率固山大萨布素由陆，六月三日启行，经文德赫恩河、阿虎山、库纳讷林雅尔萨河、浑沱河、法布尔趾河、那舟[31]鄂佛罗地方、辉发江、拉法河、水敦林巴克塔河、纳尔浑河、敦敦山、卓龙窝河，凡数十处，抵讷阴。而噶喇大等亦至。盖自江逆溯，由瓦努瑚[32]河至佛多和河复顺流来会，才七日耳。十一日发讷阴，一望林莽，迷不得路。萨布素率旗甲二百人，伐木开道。十二日悉众行。是日，萨布素遣顾素等，先后驰报：前进约百数十里，登一山升树而望，遥见远峰白光片片，殆长白山也。因留噶喇大、额黑督采珠蚌，十四日与萨布素等会，密树茂林，揣摩开路。十六日黎明，闻鹤鸣六七声，云雾迷漫，不复见山。乃从鹤鸣处觅径得鹿蹊，循之以进，则山麓矣。始至一处，树木环密，中颇坦而圆，有草无木，前临水，林尽处有白桦木，宛如栽植。香木丛生，黄花烂漫，随移驻林中。然云雾漫漫，无所见也。众惶感虔诵纶音，礼甫毕，云披雾卷，历历可睹，莫不欢呼称异。遂攀跻而上，有胜地平敞如台，遥望山形长阔，近视颇圆，所见白光皆冰雪也。山高约百里，五峰环绕，凭水而立，顶有池约三四十里，无草木，碧水澄清，波纹荡漾。绕池诸峰，望之摇摇若坠，观者骇焉。南一峰稍低，宛然如门，池水不流。山间则处处有水，左流为松阿里乌喇河，右流为大小讷阴河。瞻眺之顷，峰头游鹿，群皆骇逸，惟七鹿忽坠落。众喜曰：神赐也。盖登山适七人，时正乏食，拜而受之。回首望山，倏复云雾。遂于十八日南回，至前登山高望处，一气杳冥，并不见有山光矣！二十一日至[33]讷阴河合流处。二十五日至恰库河，则讷阴东流合处也。二十九日由恰库河历色克腾图、白黑噶尔汉、噶大浑、萨满、萨克锡、法克锡、松阿里多、浑大江险绝处凡九。七月二日次乌喇，十二日抵宁古塔，遍阅会宁诸府。八月二十一日还京，具疏闻。上以发祥之地，奇迹甚多，山灵宜加封号，下内阁礼部议，封为长白山之神。岁时享祀，如五岳焉。夫封山之典，肇始唐虞，然报祀岳渎，非关于钟祥之自也。《志》称长白山"横亘千里，高二百里，巅有潭，周八十里，南注为鸭绿[34]，北流为混同[35]。"国家隆兴所自，然至今无知其处者。睿虑周详，穆然念祖宗所由出，专官访求，备历险异，卒光大典，以答神庥，其享天心而致灵贶，宜哉！谨摭原疏，缀葺为记，用志于万世无疆之盛云。

记内乌喇，即吉林乌拉也。望祭山即温德赫恩山，《志》称温德恒山在城西南九里，高一百五十步，周五里，每岁春秋于山上望祭长白山之神。雍正十一年，建望祭殿于此。国语温德赫恩，板也。

尼[36]什哈山，即龙潭山。国语小鱼曰尼什哈，山之东北有小河，出小鱼，因以名山。山在城东十二里，高五百步，周十里，四面陡壁。西北有车道盘旋而上，至其巅，林木尤胜。南行百余步，路旁有一池，石砌，相传谓鲫鱼池也。北有龙潭，周五十余步，水色碧而黑，无论水旱，无长无落。周围山高树密，遮盖水面，望之寂然。游人以绳系石投之，数十丈，未得其底。相传国初时潭中有铁锁系于井木之上，撼之则山树摇动，后立庙会，男女观者，旅旅亵渎。一夜，大风暴雨，雷电交作，井木折断[37]，铁锁亦失所在。潭之西南有二石穴，外狭而内阔，伏而入之可以容身，无敢深入者。探之，黑暗有风。又东南林内有桦树一株，高九丈余，径二尺，上下标直，枝叶剪齐。乾隆十九年，高宗纯皇帝东巡，封为神树，春秋祭祀，与祭龙潭同日。

一拉木山，即东团山，在松花江之东，距城八里。国语依兰，数之三也。依与一、兰与拉音同，一拉木者，转音之讹也。曰东团山者，所以别于西也。西团山亦距城八里，两峰遥对，有左右拱峙之势焉。

北山在城外演武亭北，高三百余步。层峦环抱，庙宇翚飞，俗以庙名其山曰玉皇阁，迤东名玄天岭。冈峦起伏，东西绵亘四十余里，实城北一大屏障也。

塞齐窝集穆鲁，在城东二百九十里，俗称张广财岭。国语塞齐，开辟也；窝集，密林也；穆鲁，山梁也。昔有民人张广财在此开设旅店，行者遂以名岭。嘉庆二十年，将军富俊巡宁古塔城，十月初五日住宿山店，初六日于山岭顶，席地叩祝万寿，礼成后改名嵩岭。自岭西至岭东八十里，丛林密树，南接英额岭，北通三姓诸山，东西石路崎岖，仅容一车。东出密林，至额穆赫索罗四十八里。

长白、望祭、尼什哈、一拉木、北山、嵩岭之外，山之著名《通志》者有：拉发峰、倚努山、额敦山、娘尔马峰、珠鲁木[38]克善峰、红石砬子山、歪头砬子山、分水岭、喀巴岭、康山、删岭、论沦岭、撒木禅山、俊团山、巴彦博多科山、阿脊革峰、佛尔门山、圣音吉林峰、佛思[39]恒山、飞得力山、南勒克山北勒克山在伊通边门西南、元嘉博多克山、阿虎峰、何屯朔山、额黑峰、萨克萨哈山，博多克山、墩台山、色黑力山、八岩喀喇山、科七容山[40]、哈苏兰山、衣兰木哈连山、燎兰山、乌绿黎山、黑嘴山、吉林峰、壶兰峰、寿山、长岭子、古城山、半截塔山、白石山、衣车峰、昂阿西峰、德尔肯山、阿脊革何托峰、昂邦何托峰、扎克丹峰、勒幅山、钮黑岭、查库兰山，香岭、八岩山、木当阿烟台山、哈儿飞烟山、蒙古谷今称绵花街、纳儿浑山、富儿哈山、大央阿岭、大央阿山、牙奇山、五里山、罗衫山、台山、博尔科山、邓噶喇山、耕客山、尼马呼山、纳尔浑山、爱新山、大齐木鲁山、年马州山、敦珠虎山、乌尔监峰、贵勒赫峰、牙克萨山、威远堡山、嘉色山、兀术山、屯齐岭[41]、鸦呼达山、珠鲁木哈连峰、虎驻岭、阿尔滩额墨尔山今称大孤山，珠鲁喀尔必库伊通河之左右两丘也、虎坤堆黑儿苏山、噶喇岭、蒲泊山、驴子峰、色黑勒峰、法西兰峰、罗罗山、马鞍山、壶兰山、萨尔都山[42]、额黑乌郎吉山、博屯山、腊壶塔山、北勒克山、布儿图库苏巴儿汉山今称半拉山、西儿滩鄂佛啰山、金珠鄂佛啰山、商监峰、法特哈鄂佛啰山今称兽蹄山、伊汉山、法儿马峰、色黑力山、墨稜[43]山、加松阿山、笊篱山、乌儿浑山、通垦山、英爱山、苏大路山、辉贺洛峰、窝黑脊峰、希喀塔山、壶兰峰、布腊山、查哈喇峰、壁郎吉山、峨儿滚尔山、库勒克山、兰陵山、荒山、哈尔哈山、索多和山、西里门山、和尔托科山、锦住峰、团山、牛山、伐土[44]兰峰、撒尔达山、弗河库山，皆在境内。距省城近者数里，远者千余里。大半皆国语音译，多讹，仅就《通志》之所载，取而录之，以俟后之考正。

松花江，国语名松阿里乌拉，近城由西南绕东北流。一名粟末水，或作速末。《魏书》:“(勿吉)国有大水，阔三里余，名速末水”。《唐书》:“靺鞨，依粟末水以居。水源于太白山，至北注沱漏河是也。”一名鸭子河，一名混同江。《辽史》圣宗太平四年，“诏改鸭子河曰混同江”。《金史》太祖收国元年，亲征黄龙府。次混同江。无舟，金主使一骑前导，乘赭白马径涉，曰：“视吾鞭所指而行。”诸军随之，水及马腹。后使人视其渡处，深不可测[45]。大定二十五年，册混同江之神为兴国应圣公，立庙致祭。其文曰：江源出于长白是也。一名宋瓦江，即松花之变音。《明一统志》：“混同江在开原北一千五百里，源出长白山，旧名粟末水，俗呼宋瓦江。北流经金故京会宁府，下达五国城头，东入于海是也。”国语松花江名松阿哩乌喇，天河名松阿哩，故汉语名曰天江。乾隆十九年东巡，赐“天江锁钥”额，悬将军署。四十三年东巡，咏盛京土产诗十二首，内“松花玉出混同口，长白分源天汉江”是也。此历代称名之异也。《地理》谓“上京路有混同江、宋瓦江、鸭子河”，是歧而三之也。《一统志》既谓“混同江在开原城北一千五百里，俗呼宋瓦江”，又曰“松花江在开原城北一千里”，是歧而二之也。《金史·帝纪》谓混同江亦名黑龙江[46]，是又指下流两江交会处言之也。按：松花江发源于长白山，北至吉林折而东，又北出法特哈边门，至伯都讷，受嫩江，又东北至三姓，北受黑龙江，南受乌苏里江，又东入于海，其原委如此。

宁古塔西南百里，有一大湖，名曰镜泊，本处人呼为必尔特恩，即今阿布湖也。源出长白山，群流凑集，至此遂成巨浸。广五六里，袤七十里许。湖之西南曰虎[47]儿哈河。东流入湖之处有一崖，曰呼库图崖。呼库图，未详。湖水东注，飞瀑蹑空，奔浪雷吼，声闻数十里，谓之响水，又名发库，国语鱼[48]梁也。三四月间，日出时，水光日色，红绿相映，霞彩缤纷。崖下奇花异草，未易名状。今考本处，人言湖水东流，自湖东北口出湖之处，有一崖，陡壁凌空，水势悬流，飞过数十丈，行人经过崖下，滴水不沾，名曰吊水楼。

城池

吉林城，东西北三面筑土为墙，共一千四百五十一丈，基宽[49]五尺，顶宽二尺五寸，高一丈。南面倚江无墙。西一门；东二门，偏北曰大东门，偏南曰小东门。北二门，偏西曰大北门，偏东曰巴尔虎门。康熙十二年兵力修建。乾隆七年，改为官修。城内五街，由将军公署通大东门曰河南街，通小东门曰粮米行街，通大北门曰北街，通西门曰西街、大西街。每街由吉林厅挑放乡地各一，专管呈报军民命盗事件。街道俱用木板铺垫。按左右翼适中地界,均有各旗堆拨轮派官兵防守稽查。铺商惟北街、西街最盛。

旧城

尼什哈城，在城东十二里龙潭山上。周围二里，南一门，北二门。

一拉木城，在城东南八里一拉木山上。周围一里许，东、北各一门。东西南三面有外城，周围二里许。南一门，相传系当年瞭望处。尝登其巅四望极远，中不平坦，又无屋基，其说近是。

叶赫城，在城西四百九十五里。旧为叶赫贝勒所居。方四里，东西各一门，西北有叶赫山城，有叶赫商监府城。

辉发城，在城南三百七十里吉林峰之上。方二百步，西一门。附近有辉发峰，下有辉发河城。

吉林所属之伊通、额穆赫索罗、长春厅等处无城。

乌拉城，筑土为墙，周围八里，基宽三尺，高八尺，东西南北各一门。康熙四十二年建。城内无市廛，惟西门外有向西及南北街市，商贾辐辏。

宁古塔城，四围土坯砌城，内外细泥圬饰。方五百八十五丈，基宽二尺，顶宽一尺八寸，高六尺五寸。东西南各一门，北无城门。康熙五年兵力修建，乾隆四十二年改为官修。城内无市廛、居民。铺商俱在东西南门外，惟东门外尤为丛集，居民均在南门半里许沿江一带。

宁古塔所属之珲春无城。

伯都讷城，四围土坯砌墙，两面细泥圬饰。方一千三百五十丈，基宽三尺五寸，顶宽二尺五寸，高八尺，东西南北各一门。康熙三十二年兵力修建，乾隆三十九年改为官修。城内铺商均在南街，北街无市，东即星散，西尤萧疏。

伯都讷所属之孤榆树无城。

三姓城，四围筑土为墙。方一千二十六丈，基宽五尺，顶宽二尺五寸，高七尺，东西南北各一门。康熙五十四年兵力修建，乾隆十七年改为官修。城内无街市，惟西门外街市甚盛。

阿勒楚喀城，四围板墙，方七百四十五丈。乾隆四十八年改为土墙，基宽三尺，顶宽一尺六寸，高七尺，东西南北各一门。雍正七年兵力修建，乾隆三十五年改为官修。城内无街市，惟西门外商贾辐辏。街道俱系石板铺垫，近亦倾圮，不便行旅。城南二里许，有金显祖建都故城，俗称白城。有谓为五国城者，误。方四十里，高丈余，城壕深六尺许，东西[50]南北各一门，内有小城及宫殿旧址。该处居民尝挖得金玉铜磁诸器及古铜钱，现在犹有存之者。该处仕宦住宅脚石及铺街石板，凡有雕镂花纹者，俱由此城携去。今过其地，满城稼穑，一望荒凉。城西门外二里许，有土冈[51]一座，高丈余，相传为当时点将台云。

双城堡城，基方□千□丈，城壕挖竣，尚未修城。

阿勒楚喀所属之拉林无城。

卷 三

满洲 蒙古 汉军
建置沿革
驿 站
船舰桥梁

满洲 蒙古 汉军

吉林本满洲故里，蒙古、汉军错屯而居，亦皆习为国语。近数十年流民渐多，屯居者已渐习为汉语。然满洲聚族而处者，犹能无忘旧俗。至各属城内，商贾云集，汉人十居八九。居官者，四品以下，率皆移居近城三二十里内。侵晨赴署办事，申酉间仍复回屯。其四品以上职任较繁者，不得不移居城内，子孙遂多习汉语。惟赖读书仕宦之家，防闲子弟，无使入庄岳之间。娶妇择屯中女不解汉语者。以此传家[52]，庶能返淳还朴，不改乡音耳。满洲有佛、伊彻之分。国语旧曰佛，新曰伊彻。国朝定鼎以前编入旗者，为佛满洲。佛满洲内有贝国恩、布特哈之分。贝国恩，国语户也，布特哈虞猎也。国初协领、佐领由京补放，子孙遗居，立户于此，谓之贝国恩。旧在白山一带虞猎为生者，谓之布特哈。伊彻满洲内又有库雅喇之分。库雅喇非一部一姓，有即以库雅喇为姓者，有库雅喇人而别姓者，其居多在宁古塔以东，定鼎后入旗。伊彻满洲居三姓、乌苏哩东西，入旗又在库雅喇以后，库雅喇与伊彻满洲实截然两项，其世袭佐领亦各有分晰。故各项伊彻满洲世袭佐领曰伊彻满洲佐领，库雅喇世袭佐领曰库雅喇佐领。佛满洲之异于伊彻满洲者，先世随同太祖、太宗拨乱反正，立有战功。总之，佛与伊彻、库雅喇皆满洲也，共编入八旗。镶黄、正白、镶白、正蓝为左翼，正黄、正红、镶红、镶蓝为右翼。左、右翼国语曰达斯欢噶喇、哲伯勒噶喇。佛满洲同族在京者，有世袭佐领。吉林无世袭佐领，惟正黄旗有一佛满洲布特哈世袭佐领色布青额[21]。查档，其始祖岱山，于康熙十三年率族众投进宁古塔，恩赏世袭佐领。然则，佛、伊彻满洲之分，不待定鼎入旗，而国初之先已早有分别矣。库雅喇伊彻满洲率族众来投者，遂编其穆昆达为世袭佐领，阿喇哈穆昆达为世袭骁骑校。率所属来投者，遂编其嘎山达为世袭佐领，法拉哈达为世袭骁骑校。自雍正年间，将世袭骁骑校裁为公缺，犹有嘎山达、法拉哈达世袭佐领者。穆昆达，汉语族长也。阿喇哈，汉语副也。嘎山达，乡长也。法喇哈达，里长也。故伊彻满洲佐领下同姓者居多，不似佛满洲佐领下姓氏繁杂[22]也。陈蒙古俱编入满洲八旗，各佐领下均有二三户至六七户不等。新蒙古亦有世袭佐领。陈汉军编入满洲镶黄、正白两旗，另立汉军佐领二。

蒙古亦有新、陈之分，锡伯、瓜勒察乃两大部。太祖癸巳，蒙古科尔沁暨叶赫等九国犯我，此二部即在其内。至天命四年，蒙古科尔沁之嫩乌拉以南，凡语言相同之国，俱征服而统定。锡伯、瓜勒察早编入蒙古旗矣。天命七年、八年及天聪三年，喀勒喀诸部贝勒台吉等，屡率所属来归。天聪九年，察哈尔林丹汉死，其属纷纷来归，遣将率兵往收之，举国内附。是年各处蒙古俱归降，其居故土者为藩服，其编入旗者，即陈蒙古也。至后投入旗之新蒙古喀勒喀，则台吉阿玉喜之裔也。至喀勒喀全部之八十扎萨克，即今之蒙古外八十旗也。巴尔虎台吉，阿玉喜之属下人。《阿玉喜家谱》内“初编佐领阿玉喜之侄绰斯克，为巴尔虎世袭佐领”可证也。锡伯、瓜勒察则太祖时归服之遗，分属蒙古王公旗下。后投入[55]旗，二项人最众。伯都讷本其旧部，故康熙三十一年，将吉林副都统移驻伯都讷。除吉林编设锡伯人等十六佐领外，伯都讷编设锡伯佐领三十，瓜勒察佐领十。至康熙三十八年，伯都讷、锡伯、瓜勒察移驻盛京，乃将佐领裁汰。今伯都讷所居锡伯，乃京王公包衣人，有包衣达管之，不入旗当差。至伯都讷、瓜勒察旗人，相传圣祖巡幸吉林时，念其隶于蒙古，每户赏银八十两赎归入旗。档案殊无证据。汉军之编入满洲镶黄、正白两旗者，皆为陈汉军。其后安置之新汉军，自国初即有十官庄、二十六驿站、二十七边台。官庄当种地、打桦皮差使，称曰壮丁。驿站当驰送文报差使，称曰站丁。边台当查边、设立栅壕差使，称曰台丁。皆另设官治之，非如满洲、蒙古，即于本旗本翼内拣选也。官庄、台、站三项设立年分，档案已失。顺治十五年造战船，康熙十二年造运粮船，设立水手营，称曰水手。其官即于官庄、台站、水手之入会稽司者拣选。水手营入会稽司者，八百五十六户；官庄、台站无考。雍正十一年，拣选台站、水手营闲散，官庄打桦皮壮丁一千名，设立鸟枪营，与满洲、蒙古、陈汉军，一体当差。

建置沿革

吉林，古肃慎氏遗墟，汉晋挹娄国，南北朝勿吉地，唐燕州黑水府，渤海大氏龙泉府，辽长春州，金恤品路，元合兰府水达达路，明设卫所。

顺治元年，悉裁诸卫，设内大臣副都统及每旗驻防。十年，原设宁古塔昂邦章京一员、副都统一员、佐领八员、骁骑校八员。十三年，添设防御四员。十八年，添设佐领十员、防御二员、骁骑校十员。康熙元年，将昂邦章京改为镇守宁古塔将军。三年，添设驿站监督六品官一员、佐领一员。七年，添设协领二员。十年，由宁古塔移驻吉林副都统一员、佐领十一员、骁骑校十一员。吉林添设满洲协领八员、防御八员、库雅喇佐领十二员、骁骑校十二员。十三年，添设防御十五员，管战船、运粮船四品官二员、五品官二员。十五年，宁古塔将军移驻吉林，吉林副都统移驻宁古塔，吉林另放副都统一员。十六年，添设新满洲佐领二十六员、骁骑校二十六员，管战船运粮船骁骑校二员。十七年，添设新满洲佐领三员、骁骑校三员。二十年，添设巴彦鄂佛啰、伊通、黑尔苏、布尔图库等四边门防御四员，笔帖式各一员。二十三年，管战船四品官、五品官、骁骑校移驻黑龙江。二十五年，添设吉林运粮船四品官二员、五品官二员、六品官二员，添设驿站监督六品官一员。二十九年，移驻黑龙江佐领二十五员、防御十四员、骁骑校二十五员。吉林添设满洲佐领五员，锡伯、汉军佐领二员，防御十四员，骁骑校七员。汉军佐领一缺由京补放。添设医官一员。三十一年，添设仓官一员，由本处补放。添设伯都讷印房左右司笔帖式四员。吉林副都统移驻伯都讷，添设满洲佐领六员、骁骑校六员、锡伯佐领十六员、骁骑校十六员、喀勒喀巴尔虎佐领八员、骁骑校八员。又添设锡伯佐领三十员、瓜勒察佐领十员、添设协领二员、防御八员，骁骑校四十员。二十三年，添设左右翼助教官二员、蒙古翻译笔帖式二员，俱由盛京八品笔帖式内补放。三十三年，添设管档主事一员，由吉林本处选放，添设蒙古翻译笔帖式一员。三十四年，添设伯都讷仓官一员、仓笔帖式二员、满洲协领六员。三十五年，添设仓官一员。三十八年，添设满洲佐领一员、骁骑校一员。锡伯移京，裁汰佐领十六员、骁骑校十六员。锡伯、瓜勒察等移盛京，裁汰佐领四十员、骁骑校四十员。四十年，裁汰协领六员，添设蒙古佐领二员、骁骑校二员。四十五年，添设宁古塔佐领三员、防御三员、骁骑校三员。添设满洲瓜勒察佐领十员、骁骑校十员。五十三年，添设三姓协领一员、防御四员、新满洲佐领四员、骁骑校四员、笔帖式二员。珲春协领一员、防御二员，库尔喀气佐领三员、骁骑校三员、库尔喀气，满洲附近朝鲜〔三〕三姓笔帖式二员。雍正三年，添设吉林副都统一员、阿勒楚喀协领二员、佐领五员、防御二员、骁骑校五员、笔帖式二员。四年，添设伯都讷教习官二员，裁汰巴尔虎佐领一员、骁骑校一员。添设陈汉军佐领一员、骁骑校一员。五年，添设永吉州知州一员、吏目一员，宁古塔教习官二员，伯都讷长宁县知县一员、典史一员，三姓副都统一员、教习官一员，珲春副协领一员〔四〕。吉林管档主事一员改为由京补放。添设阿勒楚喀教习官一员。六年，移驻伊通河佐领二员、骁骑校二员，由开原移驻防御二员、骁骑校二员。八年，添设吉林狱官一员。九年，改吉林左右翼助教官二员由本处选放。十年，添设三姓副都统一员、协领一员、打牲人佐领六员、防御四员、骁骑校六员，裁汰副协领一员，添设八姓打牲人佐领十员、骁骑校十员，左右司笔帖式二员、教习官二员。由乌拉包衣闲散人等挑选兵一千名。添设满洲协领二员、佐领十员、防御八员、骑骁校十员，在吉林当差。添设阿勒楚喀佐领三员、骁骑校三员。十一年，添设三姓防御八员。十二年，添设永吉州学正一员。乾隆元年，添设鸟枪营参领一员，佐领八员，骁骑校八员。参领、佐领缺由京补放。裁汰珲春副协领一员、阿勒楚喀副协领一员。二年，添设吉林刑司主事一员、九品笔帖式二员、理事通判一员。三年，添设额穆赫索罗[56]佐领一员、防御一员、骁骑校一员。四年，由笔帖式四员内改翻译笔帖式二员，添设三姓仓官一员、仓笔帖式二员。五年，移协领二员、佐领十员、防御八员、骁骑校十员，并原挑选打牲兵一千名于乌拉地方当差。九年，添设拉林仓官一员、仓笔帖式二员，阿勒楚喀笔帖式二员移驻拉林。添设拉林副都统一员、协领一员。十二年，裁汰永吉州知州，改设吉林理事同知；裁汰吏目，改设巡检；裁汰州同、典史，改设巡检一员。十三年，裁汰刑司主事一员、九品笔帖式一员。二十一年，添设阿勒楚喀仓官一员、笔帖式二员、拉林教习官一员。由三姓移驻拉林佐领五员、防御八员、骁骑校五员。添设阿勒楚喀副都统一员。二十五年，由翻译笔帖式内改设蒙古翻译笔帖式一员。添设拉林笔帖式二员。由乌拉移驻宁古塔佐领二员，骁骑校二员。二十六年，裁汰巡检，改设办理蒙古事务委署主事一员。二十七年，由拉林笔帖式四员内，移驻阿勒楚喀二员。添设吉林委官六十员、拉林四员、阿勒楚喀四员、乌拉四员，伊通河六员、额穆赫索罗[57]四员、宁古塔三十员、珲春九员、三姓十五员、伯都讷十二员。由三姓移驻阿勒楚喀、拉林佐领五员。二十八年，裁汰理事通判一员。鸟枪营佐领缺改为本处陈、新汉军骁骑校内选放。三十年，编巴尔虎、锡伯人等入蒙古旗，添设蒙古协领一员。裁汰乌拉协领一员，防御四员，移驻宁古塔。三十四年，裁汰拉林副都统，归于[58]阿勒楚喀管辖。由拉林移驻阿勒楚喀防御四员、笔帖式二员。三十九年，由阿勒楚喀移驻拉林防御一员。四十三年，鸟枪营参领缺，改本处由陈、新汉军佐领内选放。改汉军佐领缺，由本处新、陈汉军骁骑校内选放。三十四年，由拉林移驻阿勒楚喀笔帖式二员。四十年，添设乌拉教习官一员，无品级笔帖式二员。五十四年，改吉林管档主事由本处选放。嘉庆五年，添设吉林长春厅理事通判一员，巡检一员。十五年，裁汰委署主事，改设伯都讷理事同知一员。添设巡检二员，分驻伯都讷、孤榆树。十九年，添设伊通河巡检一员、双城堡委协领一员、委佐领二员、委骁骑校二员、二十三年，裁汰吉林防御二员。移驻双城堡改为佐领。裁汰乌拉、三姓骁骑校各一员。移驻双城堡协领、佐领、骁骑校等员，均改为实任。由盛京义州佐领内裁汰二员，复州、熊岳骁骑校内裁汰二员，吉林满洲正白、正红二旗防御内裁汰各一员，改为双城堡实任佐领。乌拉、三姓骁骑校内裁汰各一员，移驻双城堡。二十四年，添设双城堡委官六员。二十五年，添设阿勒楚喀翻译笔帖式二员、双城堡协领处笔帖式二员。中左右三屯六佐领处，各添设笔帖式一员。添设双城堡协领处委官二员，中左右三屯六佐领处，添设委官各一员。道光六年，宁古塔防御十二员内移驻拉林四员。添设关防无品级笔帖式二员，即由拉林领催内选放。

以上裁设文职，俱与现额相符。其余武职不符额数，历年已远，册档不全，一时难考。因革损益，为纪载之不可阙，姑照造报志书馆旧册开列，以俟后之详查。

驿站

吉林共三十八站，分两路监督统辖。城内各设关防公所一处，关防笔帖式一员，关防领催一名。每站设笔帖式、领催各一名。东路意气松、他拉二小站，未设笔帖式，归邻站笔帖式兼属。大站设壮丁五十名至二十五名，小站壮丁十五名至十名，共壮丁八百五十名。大小站额设牛马，亦如壮丁之数。

东路自省城小东门外乌拉站起，旧名尼什哈站，在城外十里松花江岸北。九十里曰额赫穆站，八十里曰拉发站，六十里曰退抟站，八十里曰意气松站，四十里曰额穆赫索罗[59]站，八十里曰他拉站，六十里曰必尔罕站，六十里曰沙兰站，八十里曰宁古塔站。在宁塔城东门外。凡十站，大站一，小站九，计程六百三十五里。乌拉站通东西北三路。

西路自省城起，七十里曰蒐登站，七十里曰伊勒门站，五十五里曰苏瓦延站，六十里曰伊巴丹站，即驿马站，六十里曰阿勒滩额墨勒站，即大孤山站，六十里曰黑尔苏站，八十里曰叶赫站，四十里曰蒙古霍洛站。凡八大站，计程五百五十五里。以上大小十八站统归乌拉、额赫穆站监督管辖。

北路自省东北六十五里金珠鄂佛罗站起，即哲松站，六十里曰舒兰站，四十五里曰法特哈站，四十五里曰登伊勒哲库站。即秀水甸子。自此分道，正北八十里蒙古卡伦站，小站，又西北四十五里曰盟温站，五十里曰陶赉昭[60]站，四十[61]里曰孙扎保站，即五家子站，三十五里曰浩色站，六十五里曰舍利[62]站，七十里曰伯德讷站，八十里至齐齐哈尔界茂兴站。凡十大站，计程五百二十五里。自蒙古卡伦站起，七十里曰拉林[63]多欢站，七十里曰萨库哩站，六十五里曰蜚克图站，八十二里曰色勒佛特库站，六十一里曰佛斯亨站，七十三里曰富拉珲站，七十五里曰崇古尔库站，七十二里曰鄂尔国木索站，六十八里曰妙嘎山站，至三姓城五里。凡十小站，计程七百二十二里。以上大小二十站统归金珠鄂佛罗站监督管辖。西北路站，各支廪给银五百两。凡驰驿[64]差员，照勘合应付官员一品至九品，每站发廪给银自一钱二分至一钱八分为止。兵每站给口粮银六分，一年应付之数约不过五百两，六月题销。又例于马十匹内岁补三匹，牛十头内岁补四头，每马给银九两，牛给银七两，统归六月题销。马一匹岁领草豆银十八两，牛一头岁领草豆银十二两，秋季报销。

宁古塔至珲春无站，亦无旅店，有卡伦六处传递公文。宁古塔西九十里曰玛勒呼哩，一百二十里曰萨奇库，八十里曰噶哈哩，四十里曰哈顺，八十里曰穆克德和，七十里曰密占。往来行旅，自裹糇粮，借宿卡伦。辎重车辆，间有露宿者，俗谓之“打野盘”。

双城堡初设无站，兵力递送公文。道光五年，将军富俊，奏请于西北两路三十八站内，抽撤官马十四、牛十头，倒毙草豆银两，一并拨给。由北路各站闲散丁内，就近移驻七户，养马当差，每户官盖房三间。添设笔帖式一员，委领催一名，仍归北路监督管理。

吉林卡伦

二道河　额赫穆　得恩潭　辉法以上四卡伦，官兵每月更换。一年不撤谓之恩特赫谟特布赫卡伦　以下各处恩特赫谟特布赫卡伦，俱每月更换，不撤同此。三个顶子　拉法　乌里　蛟蛤　舒尔哈　平顶山　荒沟　额赫穆屯　推搏［抟］[65]　荒地　绥音　瓜勒察　罗圈沟　倒水沟　色勒萨木溪　海清沟道光元年，奏裁依吉斯浑改设。以上十六卡伦，官兵两月更换，三月初一日刨夫入山以前出派，十月初一日刨夫出山以后撤回，谓之雅克什谟特布赫卡伦。以下各处雅克什谟特布赫卡伦，俱春设冬撤同此。国语恩特赫谟特布赫，常设也；雅克什谟特布赫，间设也。

围场

恩格木阿林　萨伦　依勒们　苏瓦延　伊通　库尔讷窝集　呢雅哈气　依巴丹　玛法塔嘎尔罕　汪邑[66]　古拉库以上十一卡伦，官兵两月更换，一年不撤亦谓之恩特赫谟特布赫卡伦。

乌拉

喀萨哩　那穆唐阿以上恩特赫谟特布赫卡伦二。　四道梁子　长岭子　朴家屯　老少屯以上雅克什谟特布赫卡伦四。

额穆赫索罗[67]

坛频　英额达巴罕。以上恩特赫谟特布赫卡伦二。通沟又名和什赫，雅克什谟特布赫卡伦一。

宁古塔

德林　依彻　穆勒恩　霍贞河　玛勒呼哩　萨奇库以上恩特赫谟特布赫卡伦六。昂阿拉岳　呼西喀哩　尼叶赫　佛讷　倭勒恩　嘎思哈　花兰　尚西　松根　沃罗霍恩嘎尔罕　多勇武　呼郎吉　塔克通吉　乌勒呼霍洛以上雅克什谟特布赫卡伦十四。

珲春

磨盘山　达尔欢霍洛　蒙古　嘎哈里　哈顺　穆克德赫密占以上恩特赫谟特布赫卡伦七。朱伦　阿密达　佛多西　法依达库　哈达马　西图　呼拉穆　图拉穆以上雅克什谟特布赫卡伦八。

伯都讷

当吉　团山子　五道河　古井子　二道河以上恩特赫谟特布赫卡伦五。　哈思哈驳雅克什谟特布赫卡伦一。

三姓

乌思珲河　萨哈连昂阿　音达穆额克沁　锅伯河口以上恩特赫谟特布赫卡伦四。玛延昂河　瓦里雅哈霍屯　费岳吞河　佛勒霍乌珠　玛尼兰　法勒图珲河　图雅齐　音达木毕尔罕　西福恩河　郭普奇西　吞河　温肯昂阿以上雅克什谟特布赫卡伦十二。

阿勒楚喀

多欢　谟勒　费克图以上恩特赫谟特布赫卡伦三。　费克图昂阿　佛多霍　海沟　夹信子马鞍山以上雅克什谟特布赫卡伦五。吉林通省恩特赫谟特布赫卡伦四十四，雅克什谟特布赫卡伦六十一，共卡伦一百零五处。各驻隘要，以杜飞飏人参，并查偷打牲畜、私占禁山、流民等事。各卡伦俱派旗下当差散官，惟二道河卡伦由将军衙门印房四司官员内保送签掣出派。得恩谭、辉法、平顶山三卡伦，每年冰冻封江，专派协领一员，佐领、防御三员往查揽头刨夫、送米耙犁，呈报参局，计米增减票张，并查禁偷砍木植、运送口粮。次年二月初一日撤回。

船舰

吉林

御船四只。内龙船一只、花船一只、如意船一只、轻船一只，俱系乾隆十九年工部匠役承造。无岁修，拆造。

粮船三十只。原设八十只。康熙二十八年，裁去五十只，今存三十只。六年大修，十二年拆造。

桨船二十只。康熙三十一年设立，备用乌拉采补东珠及本城打桦皮用。五年大修，十年拆造。

渡船七只。在城大东[68]门外乌拉站，属尼什哈渡口。康熙十一、十二、十五[69]等年设立四只，编列如字一、二、三、四号。三年小修，粘补，六年拆造。郭尔罗斯扎萨克巴达玛渡口，康熙三十五年，设立三只。此项船每六年由吉林水手营重造运去，旧船烧毁报部，并无小修。

以上三项船木，俱系水手砍来营造。

康熙二十二年二月内，圣祖仁皇帝念乌拉水陆重镇，输輓维艰，特命盛京刑部侍郎噶尔图、防守协领殷达浑，相视可达混同江河道，绘图进呈。复遣噶尔图等小舟自辽河，遣乌拉副都统瓦力虎等自易屯口，测其水道浅深覆奏，奉旨设仓四处：内地设于巨流河之开城，边外设于邓子村，乌拉设于易屯门及易屯河，即伊通河。农隙之时运米贮于开城仓内，以春秋二季舟运至邓子村交卸。自邓子村至易屯门，百里无水路，车运至易屯门仓内，由易屯河舟运出易屯口，竟达混同江。其辽河、易屯河俱造运船百只，以瀛台白剪油船为式，每只载米二百[70]石为率。其混同江用大船八十只接运，每船载米二百石为率。其辽河运丁满兵三百名，奉天所属各州县分派水手六百名，每名月给银一两，仍免其丁地。易屯河及混同江水手俱由宁古塔将军分派，岁以为常。此后各镇开垦既广，储峙有素，无事输輓之劳，运船积于无用，已多拆毁，今仍载其始末，以见经理之事，随时异宜[71]如此云。

三姓

渡船四只。在妙嘎山站、佛斯亨站渡口各二只。乾隆二十五年设立，三年粘补，小修，七年拆造。

伯都讷

渡船六只。在嫩江渡口，康熙二十五年设立。三年小修，粘补，七年拆造。

拉林

渡船二只。在喀萨哩渡口，雍正五年设立。三年小修，粘补，七年拆造。

以上三项船木，俱系本城兵丁砍伐，由吉林水手营遣匠营造。

桥梁

吉林

遵法板桥一座。在城内将军公署南，官项修建。

板桥二座。一在城小东门内粮米行街东南隅；一在城小东门外，雍正九年，官项修建。

茶棚庵桥一座。在城北门外十二里，民力修建。

宁古塔

石甸子桥一座。在城西一百里，黑石甸子石空处，民力修建。

伯都讷

珠鲁多浑河桥一座。在城东二百九十里，民力修建。

卷　四

职　官

兵　额

职官

将军一员[72]

历任

巴海　满洲镶蓝旗人。康熙元年，升驻防昂邦章京为宁古塔将军，十五年移驻吉林。

音图　满洲正红旗人。康熙二十二年任。

佟保　满洲正黄旗人。康熙二十八年任。

沙纳海　满洲镶黄旗人。康熙三十五年任。

宗室扬福　满洲正蓝旗人。康熙三十九年任。

觉罗蒙古洛　满洲镶蓝旗人。康熙四十八年任。

穆森　满洲镶白旗人。康熙五十四年任。

宗室巴赛　满洲镶蓝旗人。奉恩辅国公。康熙五十七年任。

哈达　满洲正蓝旗人。雍正五年任。

常德　满洲镶黄旗人。雍正八年任。

都赉　满洲正蓝旗人。雍正十年，由副都统署任。

吉当阿　满洲正黄旗人。乾隆元年任。

鄂尔达　满洲正白旗人。乾隆六年任。

博策　满洲正蓝旗人。乾隆八年任。

巴灵阿　满洲正黄旗人。乾隆九年任。

阿兰泰　蒙古正白旗人。乾隆十一年任。

永兴　满洲正白旗人。乾隆十三年任。

新柱　满洲镶黄旗人。乾隆十五年任。

卓奈　满洲正蓝旗人。乾隆十五年任。

觉罗额勒登　满洲正红旗人。乾隆二十年任。

傅森　满洲镶黄旗人。乾隆二十一年任。

宗室萨尔善　满洲正白旗人。乾隆二十三年任。

宗室恒鲁　满洲镶蓝旗人。奉恩辅国公。乾隆二十五年任。

富良　满洲镶黄旗人。头等敦[73]伯。乾隆三十四年任。

富椿　满洲镶红旗人。奉恩辅国公。乾隆三十五年任。

福康安　满洲镶红旗人。御前侍卫内大臣，三等嘉勇男。乾隆四十二年任。后升大学士，追封郡王[74]。

霍隆武　满洲正黄旗人。御前侍卫，果勇侯。乾隆四十三年任。

宗室永玮　满洲镶蓝旗人。乾隆四十七年任。

庆桂　满洲镶黄旗人。乾隆四十七年任。

都尔嘉　满洲正白旗人。乾隆四十九年任。

庆桂　满洲镶黄旗人。乾隆五十三年二任，由兵部尚书来署。后升大学士。

宗室恒秀　满洲正白旗人。乾隆五十四年任。

宗室琳宁　满洲镶蓝旗人。乾隆五十四年任。后升大学士。

宗室恒秀　满洲正白旗人。乾隆五十六年二任。

保琳　满洲正黄旗人。乾隆五十九年任。

秀林　满洲镶白旗人。乾隆六十年任。

富俊　蒙古正黄旗人。嘉庆八年任。

秀林　满洲镶白旗人。嘉庆八年二任。后升吏部尚书。

赛冲阿　满洲正黄旗人。世袭一等轻车都尉，嘉庆十五年任。后升御前大臣。

喜明　满洲正蓝旗人。嘉庆十八年任。

富俊　蒙古正黄旗人。嘉庆十九年二任。

松箖　蒙古正蓝旗人。嘉庆二十二年任。

富俊　蒙古正黄旗人。嘉庆二十三年三任。

松箖　蒙古正蓝旗人。道光三年二任。

松筠　蒙古正蓝旗人。前任大学士，道光三年任。

富俊　蒙古正黄旗人。太子太保。己亥年进士，世袭骑都尉。道光四年四任，由[75]尚书调补。后升协办大学士。

吉林副都统一员

历任[76]

安珠瑚　满洲正黄旗人。康熙十年任，由宁古塔调补。后升将军。

西山　满洲正白旗人。康熙十五年任。

斡里瑚　满洲镶白旗人。康熙二十年任。

巴尔达　满洲正白旗人。康熙二十八年任，三十三年裁缺[77]，雍正三年复设。

威色　满洲正蓝旗人。雍正三年任。

武扎拉　满洲镶蓝旗人。乾隆四年任。

宗室松阿哩[78]　满洲正蓝旗人。乾隆十年任。

额勒登额　满洲正蓝旗人。乾隆十九年任。

普庆　满洲镶黄旗人。乾隆二十二年任。

宗室增海　满洲正蓝旗人。乾隆二十二年任。

富良　满洲镶黄旗人。乾隆二十八年任。后升将军。

富珠哩　满洲镶黄旗人。乾隆二十八年任。

永安　蒙古镶红旗人。乾隆三十一年任。

明亮　满洲镶黄旗人。乾隆三十一年任。后升大学士。

编柱　满洲镶白旗人。乾隆三十三年任。

僧保　满洲正黄旗人。乾隆三十七年任。

富僧额　满洲正黄旗人。乾隆三十八年任。

明英　满洲正红旗人。乾隆三十八年任。

克兴额　满洲镶蓝旗人。乾隆四十四年任。

乌灵阿　满洲正红旗人。乾隆四十六年任。

索柱　满洲正黄旗人。兼乌拉总管，乾隆五十一年任。

巴林木达　满洲正黄旗人。乾隆五十三年任。

索喜　满洲镶白旗人。乾隆五十三年任。

秀林　满洲镶白旗人。乾隆五十八年任。后升吏部尚书。

赛冲阿　满洲正黄旗人。乾隆五十九年任。后升御前大臣。

吉禄　满洲正黄旗人。兼乌拉总管。嘉庆二年任。

达禄　满洲镶红旗人。嘉庆七年任。

宗室伊铿额　满洲镶蓝旗人。镇国将军。嘉庆十三年任。

额勒珲　满洲正黄旗人。嘉庆十五年任。

宗室玉衡　满洲镶蓝旗人。嘉庆十五年任。

德宁阿　满洲镶蓝旗人。嘉庆十五年任。后升将军。

松箖　蒙古正蓝旗人。嘉庆十五年任。后升将军。

禄成　蒙古正红旗人。嘉庆二十一年任。后升将军。

富登阿　索伦镶黄旗人。嘉庆二十四年任。

倭楞泰　满洲镶蓝旗人。年班入觐，赏换花翎。道光四年任[79]。

宁古塔副都统一员[80]

历任[81]

海塔　满洲正白旗人。顺治十年任。

尼喀立　满洲正白旗人。顺治十五年任。

满贵　满洲镶蓝旗人。顺治十八年任。

傅格　旗分无考。康熙元年任，六年解[82]。

满丕　满洲正蓝旗人。康熙六年任。

瑚巴克太　满洲正白旗人。康熙六年任。

安珠瑚　满洲正黄旗人。康熙六年任。后升将军。

萠齐　满洲正白旗人。康熙十年任。

锡三　满洲正蓝旗人。康熙十五年任。

萨布素　满洲镶黄旗人。康熙十七年任。后升将军。

雅泰　满洲正红旗人。康熙二十二年任。

根头　满洲镶红旗人。康熙三十三年任。

保定　满洲正白旗人。康熙三十八年任。

噶尔图　满洲正黄旗人。康熙四十二年任。

玛奇　满洲正白旗人。康熙四十六年任。

阿岱　满洲正蓝旗人。雍正元年任。

常德　满洲镶黄旗人。雍正五年任。

巴尔岱　满洲正白旗人。雍正十一年任。

长生　满洲镶蓝旗人。乾隆元年任。

图纳　满洲镶白旗人。乾隆七年任。

伊伦泰　满洲镶红旗人。乾隆十年任。

觉罗额勒登　满洲正红旗人。乾隆十七年任。

宋室和绷额　满洲正蓝旗人。乾隆二十一年任。

富僧额　满洲正黄旗人。乾隆二十四年任。

宗室增海　满洲正蓝旗人。乾隆二十八年任。

明亮　满洲镶黄旗人。乾隆三十三年任。后升大学士。

编柱　满洲镶白旗人。乾隆三十七年任。

富珠哩　满洲镶黄旗人。乾隆三十七年任。

达松阿　蒙古正黄旗人。乾隆四十二年任。

安临　蒙古正白旗人。乾隆四十八年任。

那奇泰　满洲正蓝旗人。乾隆五十四年任。后升将军。

庆霖　满洲镶黄旗人。乾隆六十年任。后升将军。

富尼善　满洲镶黄旗人。由布政使补放，嘉庆三年任。

郭勒明阿　满洲镶蓝旗人。嘉庆六年任。

富登阿　索伦镶黄旗人。嘉庆九年任。

德宁阿　满洲镶蓝旗人。嘉庆十五年任。后升将军。

达斯呼勒岱　满洲正黄旗人。嘉庆十九年任。

和福　满洲正白旗人。道光三年任。

伯都讷副都统一员[83]

历任[84]

扎隆阿　满洲正黄旗人。乾隆二十八年任。

觉罗佟福柱　满洲正蓝旗人。乾隆三十二年任。

克兴额　满洲镶蓝旗人。乾隆三十八年任。

宗室普正　满洲正红旗人。乾隆四十四年任。

乌雅勒达　满洲正白旗人。乾隆四十四年任。后升参赞大臣。

僧保　满洲正黄旗人。乾隆五十三年任。

索喜　满洲镶白旗人。乾隆五十八年任。

宗室斌静　满洲镶红旗人。辅国将军，嘉庆七年任。

宗室伊铿额　满洲镶蓝旗人。嘉庆七年任。

达斯呼勒岱　满洲镶蓝旗人。嘉庆九年任。后赏都统衔。

宗室伊铿额　满洲镶蓝旗人。嘉庆十三年任。

恒福　满洲镶黄旗人。嘉庆十三年任。

色尔滚　打牲正黄旗人。都统衔。嘉庆十五年任。

宗室玉衡　满洲镶蓝旗人。嘉庆十五年任。

和福　满洲正白旗人。嘉庆二十四年任。

苏伦保　满洲正黄旗人。道光三年任。后赏都统衔。

硕德　满洲镶红旗人。道光四年任。

三姓副都统一员[85]

历任[86]

阿米纳　满洲正白旗人。康熙五十三年，以协领驻防。

锡巴立　满洲正蓝旗人。康熙六十年，以协领驻防。

松特　满洲正黄旗人。雍正四年，以协领驻防。

花赖　满洲镶红旗人。雍正五年，以协领驻防。

重替　满洲正黄旗人。雍正六年，以协领驻防。

以上俱系副都统职衔，自雍正七年改为实任。

觉罗七十五　满洲镶黄旗人。雍正七年任。

重替　满洲正黄旗人。乾隆元年二任。

清葆　满洲镶红旗人。乾隆九年任。

德宁　满洲镶蓝[87]旗人。乾隆十八年任。

三格　满洲正白旗人。乾隆十九年任。

傅尔松阿　满洲正蓝旗人。乾隆十九年任。

富僧额　满洲正黄旗人。乾隆二十三年任。

敦柱　蒙古镶黄旗人。乾隆二十四年任。

巴岱　满洲镶白旗人。乾隆二十四年任。

额尔齐木　蒙古镶蓝旗人。乾隆二十六年任。

敦柱　蒙古镶黄旗人。乾隆二十七年二任。

舒通阿　满洲正白旗人。乾隆三十一年任。

富珠哩　满洲镶黄旗人。乾隆三十一年任。

郭木布　满洲正红旗人。乾隆三十五年任。

舒通阿　满洲正白旗人。乾隆三十七年二任。

宗室雅朗阿　满洲镶红旗人。多罗克勤郡王，乾隆三十九年任。

穆尔泰　满洲正黄旗人。乾隆四十年任。

宗室普正　满洲正红旗人。乾隆四十四年任。

明英　满洲正红旗人。乾隆四十五年任。

富珠哩　乾隆四十九年二任。

那奇泰　乾隆五十年任。后升将军。

额勒伯克　乾隆五十四年任。

赛冲阿　嘉庆二年任。后升御前大臣。

庆保　嘉庆六年任。

额勒恒额　嘉庆七年任。

额勒珲　嘉庆九年任。

达松阿　嘉庆十二年任。

果勒明阿　嘉庆十六年任。

扎坦保　道光二年任。

吉勒通阿　道光五年任。

阿勒楚喀副都统一员[88]

历任[89]

巴岱　满洲镶白旗人。乾隆二十三年任。

敦柱　蒙古镶黄旗人。乾隆二十五年任。

舒通阿　满洲正白旗人。乾隆二十七年任。

耀成　满洲正蓝旗人。乾隆二十八年任。

托云　满洲镶黄旗人。乾隆四十年任。

富珠哩　满洲镶黄旗人。乾隆四十九年任。

额勒伯克　宗室蒙古旗人。乾隆五十年任。

宗室德清阿　乾隆五十四年任。[90]

乌雅勒达　满洲正白旗人。嘉庆七年任。后升参赞大臣。

布兰泰　满洲正红旗人。嘉庆十一年任。

色尔滚　达呼哩正黄旗人。都统衔。嘉庆十五年任。

穆腾额　满洲正白旗人。嘉庆二十五年任。

精钦保　满洲正白旗人。乾清门行走。道光五年任。

附：拉林副都统　乾隆九年添设，三十四年裁汰。

巴尔品　满洲正黄旗人。乾隆九年任。

玛尔拜　满洲镶白旗人。乾隆十二年任。

满福　满洲镶蓝旗人。乾隆十三年任。

国多欢　满洲正红旗人。乾隆二十二年任。

绰克托　满洲正红旗人。乾隆二十七年任。

特克慎　满洲正蓝旗人。乾隆二十九年任。

堂主事一员[91]

历任[92]

永安　吉林满洲正蓝旗凌泰佐领下人。乾隆五十五年任。后升盛京工部员外郎。

顺安　吉林满洲正红旗和钦保佐领下人。嘉庆二年任。后升盛京刑部员外郎。

兴禄　吉林满洲镶白旗乌云泰佐领下人。嘉庆十年任。现任工部都水司员外郎。

富珠礼　吉林满洲正白旗图勒斌佐领下人。嘉庆二十年任。现任归绥道。

萨英额　吉林满洲正黄旗苏勒芳阿佐领下人。生员，道光二年任。

（永安以前补放京员）

同知一员[93]

历任[94]

图善　满洲正白旗人。[95]乾隆二十七年任。

灶神保　满洲正红旗人。[96]乾隆三十四年任。

达哈布　满洲镶红旗人。[97]乾隆三十五年任。

那昌阿　满洲镶黄旗人。[98]乾隆四十年任。

玉柱　满洲正白旗人。[99]乾隆四十四年任。

常龄　满洲正蓝旗人。[100]乾隆五十三年任。

瑚唐阿　满洲镶白旗人。[101]乾隆五三十年任。

富纶　满洲镶黄旗人。[102]乾隆五十八年任。

硕隆武　满洲正白旗人。[103]嘉庆三年任。

舒成　满洲镶红旗人。[104]嘉庆七年任。

白瑛　满洲镶红旗人。[105]嘉庆九年任。

富元　蒙古正黄旗人。[106]嘉庆十一年任。

富尔松阿　蒙古镶蓝旗人。[107]嘉庆十九年任。

觉罗锦珠勒　满洲镶蓝旗人。[108]嘉庆二十五年任。

学正一员[109]

历任[110]

张瑜　直隶广平府磁州人。乾隆二十六年任。

安学元　正定府赞皇县人。乾隆三十八年任。

宋开元　顺天府宛平县人。乾隆四十一年任。

胡惺　天津府庆云县人。乾隆四十三任。

柴梅　河间府故城县人。乾隆五十年任。

孟人文　宣化府延庆州人。乾隆五十一年任。

董启祥　天津府天津县人。乾隆五十八年任。

王丕振　正定府唐县人。乾隆六十年任。

董启祥　天津府天津县人。嘉庆六年二任。

孙钺[111]　天津府天津县人。嘉庆二十三年任。

杨灏　顺天府昌平州人。嘉庆二十五年任。

杨日枬　河间府献县人。道光五年任。

巡检一员[112]

历任[113]

潘宏德　四川[114]成都县人。乾隆十四年任。

金以权　浙江[115]会稽县人。乾隆三十二年任。

陈宗儒　浙江[116]诸暨县人。乾隆四十年任。

赵万清　顺天府大兴县人。乾隆四十七年任。

丁凤梧　顺天府大兴县人。乾隆五十年任。

陶家宾　顺天府大兴县人。乾隆五十九年任。

柴斗佑　顺天府大兴县人。乾隆六十年任。

丁荣祖　顺天府大兴县人。嘉庆八年任。

张继武　湖北武昌江夏县人。嘉庆十六年任。

汪治　顺天府大兴县人，祖籍浙江。道光四年任。

伊通巡检一员[117]

历任[118]

张云鹏　直隶永平府滦州人。嘉庆十九年任。

吴介禧　顺天府宛平县人。嘉庆二十五年任。

胡承先　道光二年任。

李瑛　浙江绍兴府山阴县人。道光二年任。

贺选　直隶保定府清苑县人。道光六年任。

长春厅通判

六雅图　蒙古镶黄旗[119]。嘉庆六年任。

阿成　满洲正蓝旗人[120]。嘉庆十二年任。

六雅图　病痊仍补原缺，嘉庆十六年任。

福纳　满洲镶黄旗人[121]。嘉庆二十一年任。

那灵泰　满洲正白旗人[122]。嘉庆二十五年任。

常喜　满洲正红旗人[123]。贡生。道光四年任。

巡检一员[124]

历任[125]

潘玉振　嘉庆五年任。

吴介禧　嘉庆十三年任。

周镇　嘉庆二十五年任。

张家棨[126]　道光四年任。

伯都讷同知一员[127]

历任[128]

庆臣　嘉庆十六年任。

施蒙额　嘉庆十八年任。

富宁阿　嘉庆二十二年任。

文庆　道光元年任。

松奎　道光五年任。

巡检一员[129]

历任[130]

茅镇　嘉庆十六年任。

左宜　道光四年任。

孤榆树屯巡检一员[131]

历任[132]

谭仁溥　嘉庆十六年任。

易开泰　嘉庆二十四年任。

以上将军、副都统、主事、同知、通判、学正、巡检，俱查明历任列叙，其协领以下文武各官，仅开额数，不便按年悉载，以省烦赘。

官兵额数[133]

吉林

八旗满洲协领八员，佐领四十员，骑都尉三员，防御二十二员，云骑尉十员，骁骑校四十员，恩骑尉十三员，七品监生二员，八品监生八员，兵二千五百一十一名，弓匠[134]、铁匠九十八名。

蒙古旗协领一员，佐领八员，云骑尉三员，骁骑校八员，八品监生一员，兵四百零一名，弓匠[135]、铁匠十三名。

鸟枪营汉军参领一员，佐领八员，骁骑校八员，兵六百零八名，弓匠[136]、铁匠十六名。

水手营四品官二员，五品官二员，六品官二员，领催八名，水手二百五十名，木船[137]绳匠四十五名。

管站监督、各站笔帖式、领催、壮丁数目已详驿站类。

左右翼助教官二员，仓官一员[138]，笔帖式二员[139]。理刑九品笔帖式一员，满洲笔帖式六员，翻译笔帖式四员，蒙古翻译笔帖式一员，书吏二名[140]，衙役十四名，番役二十名，仵作二名，学习仵作二名，狱官一员，禁卒三十名。

乌拉协领一员，佐领八员，防御四员，云骑尉三员，骁骑校七员，七品监生一员，笔帖式二员，教习一员，兵六百九十七名，弓匠、铁匠二十名。

伊通佐领二员，防御二员，骁骑校四员，兵二百名。

额穆赫索罗[141]佐领一员，防御一员，云骑尉一员，骁骑校一员，兵一百二十名。

四边门防御笔帖式各一员，兵各二十名，总领催各一名，台领催各七名，台丁各一百五十名。

宁古塔

协领二员，佐领十二员，骑都尉二员，防御八员，云骑尉十员，骁骑校十二员，恩骑尉四员，八品监生二员，仓官一员。笔帖式四员。

仓[142]笔帖式二[143]员，教习二员，兵一千三百二十名，番役十名，仵作二名，弓匠、铁匠[144]二十四名。

珲春

协领一员，佐领三员，防御二员，云骑尉六员，骁骑校三员，恩骑尉一员，八品监生二员，笔帖式二员，教习一员，兵四百三十名。

伯都讷

协领二员，佐领十二员，防御八员，云骑尉四员，骁骑校十二员，恩骑尉一员，八品监生一员。

笔帖式四员[145]，仓官一员，仓笔帖式二员，兵一千名，弓匠[146]、铁匠三十五名，摆渡领催二名，水手五十八名，番役十名，仵作一名，学习仵作一名。

三姓

协领二员，佐领十五员，骑都尉一员，防御八员，云骑尉三员，骁骑校十四员，八品监生三员，笔帖式四员，仓官一员[147]。

仓笔帖式二员[148]，教习二员，兵一千三百七十名，番役十名，弓匠[149]、铁匠四十名，仵作一名，学习仵作一名。

阿勒楚喀

协领一员，佐领七员，委协领一员，委佐领一员[150]，防御八员，云骑尉二员，骁骑校六员，八品监生一员，仓官一员，笔帖式六[151]员。

仓官[152]笔帖式二[153]员，教习一员，兵六百四名，水手六名，弓铁匠五名，番役十名，仵作一名，学习仵作一名，由京移驻闲散满洲一千三百七十六名。

拉林

协领一员，佐领六员，委佐领二员，防御四员，云骑尉一员，骁骑校七员，仓官一员，仓笔帖式二员，关防笔帖式二员，教习一员，兵六百四名，弓匠[154]、铁匠五名，水手十四名，仵作一名，学习仵作一名，由京移驻闲散满洲一千三百三十九名。

双城堡

协领一员，佐领六员，骁骑校八员，由盛京移驻垦地闲散一千名，由吉林、乌拉、伯都讷、阿勒楚喀、拉林移驻垦地闲散二千名，兵一百五十三名，内有无品级笔帖式九员，委官八员。

以上文武官共四百八十八员，世袭官八十九员，兵一万零九十八名，弓匠[155]、铁匠二百五十六名，木舱绳匠四十五名，水手领催八名，摆渡领催二名，水手三百二十八名。吉林、伯都讷、长春三[156]厅署，门子各二名，皂隶各十名，马快各四名，民壮各三十名，捕役各八名，库丁各一名，禁卒各两名，伞扇、轿夫各七名，仵作各一名，六房经制书吏各一名[157]。

吉林、伯都讷、长春厅、伊通、孤榆树五巡检[158]署，攒典各一名，皂隶各四名，马快各一名，门子各一名。

卷　五

俸　饷[159]
库　贮
仓　储
事　宜

俸饷[160]

将军俸银一百八十两，养廉银一千五百两，人役工食银二百七十六两。

副都统俸银一百五十两，养廉银五百二十两，人役工食银一百八十两。协领、参领俸银一百三十两。

骑都尉兼云骑尉俸银一百三十五两。

佐领四品官俸银一百五两。

骑都尉俸银一百十两。

防御兼云骑尉俸银八十五两。

防御五品官银八十两。

主事俸银六十两，米三十仓石。

理事同知俸银八十两，养廉银五百二十七两六钱。

理事通判俸银六十两，养廉银三百两。

学正俸银四十两。

巡检俸银三十一两五钱二分，养廉银三十一两五钱。

骁骑校六品官俸银六十两。

七品管站监督助教官俸银四十五两，米二十二仓石五斗。由无品级笔帖式补放者，作为八品，俸银四十两，米二十仓石。恩骑尉俸银四十五两。

荫生俸银四十两。

生监补放笔帖式者，作为八品，俸银二十八两，米十四仓石。领催前锋补放无品级笔帖式者，俸银三十六两，米十五仓石一斗。披甲补放无品级笔帖式者，俸银二十四两，米十五仓石一斗。理刑九品笔帖式，俸银二十一两一钱一分四厘，米十一仓石一斗一升四合。以上各笔帖式补放仓官，仍食原俸原米。

狱官俸银三十一两五钱二分。

医官药资银四十两。每日支口粮九升九合六勺。

领催前锋饷银三十六两。甲兵、驿站、边门、官庄领催俱二十四两。水手边台领催俱十八两。养育兵、看守白山拜唐阿、弓匠[161]、铁匠、木验[162]匠、水手、番役、仵作，俱十二两。

以上官兵一年共应领俸饷银三十一万六千七百两有奇。

库贮备用银两[163]

吉林八万两，

宁古塔二万两，

伯都讷一万两，

三姓一万五千两，

阿勒楚喀五千两，

以上共银十三万两。内每年各城官参局办票动支，接济刨夫，并发给各站一年买补倒毙牛只草豆，暨往返驰驿等差供应廪粮；支给新放官员俸饷及官兵、孀妇应领春秋二季半俸饷；又节妇建坊银两，俱于年终造册，由盛京户部领取归款。

官差支借银两

吉林一万七千两，

宁古塔六千两，

三姓五千两，

伯都讷三千三百两，

阿勒楚喀一万二千七百两。

以上共银三万四千两，俱在各城存贮。借给出差兵丁，按四季扣还。每年仍将已、未扣完数目，造册报部核销。

牛具银两[164]

吉林二万两，宁古塔七千两，伯都讷四千两，三姓六千两，阿勒楚喀三千两。

以上共银四万两，俱在各城存贮。借给无牛种地兵丁，按八季扣还。每年仍将已、未扣完数目，造册报部核销。

恩赏银两[165]

吉林四千两，

宁古塔二千两，

伯都讷一千三百两，

三姓一千六百两，

阿勒楚喀一万七千一百两。

以上共银二万六千两，俱在各城存贮。赏给官兵红白事件，暨养赡残疾、闲散满洲，每年题销。年终仍由盛京户部领取归款。

仓储[166]

吉林公仓额存粮七万石，义仓额存粮三万四千石。宁古塔公仓额存粮二万五千石，义仓额存粮一万一千石。珲春义仓额存粮二千五百石。伯都讷公仓额存粮二万五千石，义仓额存粮一万石。三姓公仓额存粮三万石，义仓额存粮一万二千石。阿勒楚喀公仓额存粮二万五千石，义仓额存粮五千石。拉林公仓额存粮二万五千石，义仓额存粮五千石。

印房、四司、官参局、理事厅，每年应办题奏咨部事件[167]

印房

四月内，奏乌拉采捕东珠官兵起程；六月内，奏庆贺万寿，正副表文二分；七月内，奏恭叩万寿；将军、副都统及各城副都统同列衔。八月内，奏庆贺皇太后万寿，正副表文二分；九月内，奏庆贺长至正副表文四分；九月内，奏采捕东珠数目；十月内，奏由围场进鲜贡单；十一月内，奏庆贺元旦，正副表文四分。十一月内，初次奏进鲟鳇鱼，二次奏进鲟鳇鱼；十二月内，奏恭叩元旦。将军、副都统及各城副都统同列衔[168]。

恭遇圣驾谒陵及巡幸地方，计算启銮回跸日期，先行具奏：接送圣驾恭请圣安。将军、副统及各城副都统同列衔[169]。

一、四司、参局、理事厅，凡应奏、应题事件，于呈稿后，交印房缮摺[170]拜发。

一、每年奏摺内，钦奉硃批于年终查明次数，敬谨包封，差员[171]，呈交军机处。

户司

一、公仓额存粮七万石，除额存外，其余粮石每年支给文员俸米等项之用，备存四千石。又余者，照例比时价减银一钱粜卖与旗人，仍将支给剩存粮数于六月内造册，咨送户部核销。

一、吉林各处公仓除额存外，余粮粜卖银两作为一年各项官工之用。其[172]用剩银两，每年于四月内造册，咨送户部核销。

一、吉林各处每牛录立牛具一具，拨兵三名，耕种义仓地亩。吉林共牛具一百四具，每具每年四十八仓石，核计应交义仓粮四千九百九十二石。除额存八万石外，余粮粜卖，仍将交纳粜卖粮数，于三、四月内造册，咨送户部核销。

一、吉林各处义仓，除额存外，余粮粜与兵丁人等，其所得银两，作为买补义仓耕牛，修理义仓，并买补农器之用。其[173]用剩银两，每年于四月内造册，咨送户部核销。

一、吉林各处官兵俸饷，造册，每年于十一月内，派员赴盛京户部领取。

一、每年于同知解交税银内，拨出银一千两，支给衙门公用：硃墨、纸笔并书役工食之费。其[174]用过银两，照例每年于三月内题销外，仍造册咨送户、刑二部。

一、每年致祭长白山，照定额应备养黑牛二十只[175]，猪二十口，羊二十只。将用过下[176]剩银两数目，于四月内造册，咨送盛京礼部核销。

一、吉林各处监犯及起解人犯等口米，供应之数，每年于二三月内题销外，仍造册咨送户、刑二部。

一、吉林官庄壮丁，每年应交粮一万五千石；宁古塔官庄壮丁，应交粮三千九百石；伯都讷官庄壮丁，应交粮一千八百石；三姓官庄壮丁，应交粮四千五百石；阿勒楚喀、拉林官庄壮丁，应交粮一千八百石。共征收粮二万七千石贮仓。每年于四月内具题。

一、凡各处应行旌表守节孀妇，每年于七月内具题。仍将守节孀妇年岁造册，咨送礼部。

一、各处雨雪调匀，二麦滋长，大田播种之处，每年于四月内，恭摺[177]具奏。

一、各处二麦收成分数，大田秀穗之处，于七月内恭摺具奏。奉到硃批行文，知照户部，并[178]盛京、黑龙江。

一、各处大田收成分数，每年于十月内，恭摺具奏，奉到硃批行文，知照户部，盛京、黑龙江。

一、各处公仓陈谷，照例出粜，应先期查明市价，咨报户部后，将每石比时价减银一钱粜卖，取结咨送户部。

一、各处管仓监督，二年任满更换，所有拣放[179]新任监督，于[180]年终具题。

一、凡新旧任管仓监督，交代接受粮石数目，据实具题外，仍造册咨送户部。

一、各处三年比丁一次，所造细册，咨送户部，并知照各该旗籍。

一、准承祭衙门奏准[181]，长白山[182]神于每月朔、望日，将军、副都统轮替拈香一次，每年春秋二季致祭。

一、吉林八旗修建兵丁官房，其[183]空闲余地所得菜园租银，于[184]每年秋季征收贮库，以备[185]支给修补八旗官房之用。将用过下存银两数目[186]每年二月内造册，咨送户部查核[187]。

一、各处大小官员应颁时宪书数目，每年于五月内将各官职名，造册咨送钦天监，届期由驿颁发〔五〕。

一、吉林各处旗民杂处，凡[188]屯堡民人，有无私垦地亩，专派官十员，分界稽查，并派总理协领一员，于[189]年终取结，咨报户部。其[190]协领等官，二年一次更换。

一、吉林每月市值粮价[191]，每三个月一次咨报户部。

吉林各处有无由京买来奴仆贩卖之处，于年终咨报刑部〔六〕。凡库贮备用官差牛具及红白事赏银并额征税银，动存数目，题咨核销。已载库贮款内。[192]

兵司[193]

凡新任将军接印后，照例具奏，并咨报兵部。其查验官员兵丁及军装器械，于三个月限内，缮摺具奏。

凡新任将军接印后，将旧存敕书，恭送该科衙门改换领取。吉林所属，历年额设领催、前锋、甲兵、匠役分别造具清册，每年按两季咨送兵部。每年三月、九月〔七〕，将吉林所属各处大小官员履历，造册二本，咨送兵部。

每年题过本章次数，按四季造册，咨送通政司。

六月内，将各站一年应付过公费银两，并买补倒毙牛马银两数目题销外，仍造册咨送兵部。

每年将官员、兵丁军装、器械查验结保，于年终具题。仍将军器数目汇总造册，咨送兵部。

每年将吉林所属各处官员兵丁额数，于年终咨报兵部。每年将吉林所属库贮炮位及鸟枪数目，于年终咨报兵部。

每年将吉林所属各处发到安插人犯数目，于年终汇总，咨报军机处、刑部。

十月内，恭进风乾鹿肉贡单。

十一月内，恭进鹿尾、各色土物贡单。

每年将遵照勘合火牌，应付过各项差使、站马廪给数目，按四季造册，咨报兵部。每年将勘合火牌，核计动用将完，即咨报兵部领取，以足二十张之数。

每年将蒙古道路票张，核计动用将完，即咨理藩院领取，以足五张之数。

每年将吉林所属各处出差等项官员之缺，派员兼署月日，按四季造册，咨报兵部。

每年秋季，派员烙补各站牛马印记，并查验草豆，年终咨报兵部。

凡文职堂主事、管站监督、助教官、仓官等缺，随时查取应行拣选人员，拟定正陪，咨送吏部，带领引见，请旨补放。

凡吉林各处无品级笔帖式、翻译等项笔帖式及各站笔帖式缺出，将应选人员拣放，咨报吏部注册。

凡武职官员缺出，随时查取应行拣选人员，拟定正陪咨送兵部，该旗带领引见，请旨补放。

刑司[194]

凡监禁斩绞重犯，每年于四月内，秋审具题。

凡免死发遣为奴盗犯脱逃，即时具奏，并咨报各处缉拿。至拿获时审明，一面正法，一面恭摺具奏。

每年将吉林所属历年发到太监内已死几名，脱逃几名，现有几名，查明数目，于二月内，咨报内务府。

每年将军流徒等犯，咨报刑部，于年终汇题。

每年将正法人犯数目，并正法月日，于年终汇题。

凡雇人偷刨人参，财主不分旗民，俱发云南等省充军。若并无财主，只身潜往偷刨，得参一两以下者，杖六十，徒一年；偷刨至五两者，杖一百，流三千里。为从及未得参者，各减一等。购买贩卖飞参等犯，照偷刨已得参人犯例减一等治罪。即将一年所办总数，于年终汇题。

每年将吉林所属发遣为奴及当差人犯脱逃者，每月造册报部。或拿获或自行投首者几名，未获者几名，查明数目，于年终分别咨报军机处、刑部。并将应行查议为奴之家长、旗分、佐领及该管各官职名送部查议。每年将拿获私参数目，于年终汇题。参斤解送内务府。

每年将入官赃罚银两数目，于年终汇题。将此项银两，抵充本处官兵俸饷。

每年将发遣安插人犯内，因不守分，有无改发者，年终咨报军机处、刑部。

凡各处副都统衙门，审送徒罪以上贼盗案件，及人命案件，俱照例咨报刑部。

凡吉林所属地方，如有旗民交涉、贼盗案件及旗人斗殴人命等案，俱系刑司办理。徒罪以上者，俱报刑部。至旗民交涉、斗殴、人命及民犯案件，由理事同知衙门办理。

凡吉林所属有命案事件，限内审办，已结未结之处，年终咨报军机处、刑部。

每年将吉林所属各处历年发遣为奴及当差人犯内病故、脱逃数目，并现在实有数目，于年终咨报军机处、刑部外，并将未获者，咨行各省严缉。

凡私入围场，偷打牲畜十只以上者，杖一百，流三千里；二十只以上者，发乌鲁木齐等处种地；三十只以上者，发乌鲁木齐等处给兵丁为奴。其零星偷打随时犯案者，一只至五只，杖一百，徒三年；五只以上者，再枷号一个月。其偷砍树木，五百斤以上者，杖一百，流三千里；八百斤以上者，发乌鲁木齐等处种地；一千斤以上者，发乌鲁木齐等处给兵丁为奴。其零星偷砍随时犯案，数十斤至百斤者，杖一百，徒三年；一百斤以上者，再枷号一个月。为从者，各减一等。无论初犯、再犯，均面刺“盗围场”字样。

工司

长白山殿宇五间，原系由盛京工部派员修理，工竣由盛京工部题销。如有渗漏损坏，由吉林粘补修理，入于岁修核销，办理在案[195]。道光五年五月内[196]，经[197]将军富俊奏准，就近由吉林派员动用正项修理，工竣后题销，并咨工部。

松花江神庙、贮龙船房，及公署、仓库、监狱、城垣等项，并各处工程，如在二百五十两以下者先行料估报部，俟部覆到日，动月粜谷银两修理。工竣派员查验，造册报部核销。二百五十两以上者，先行料估具题；五百两以上者，先行料估恭摺具奏。均俟部文到日动项修理，工竣派员查验，造册题销。[198]

吉林各处渡船，并运粮、捕珠等项船只，如届应修年分，分别小修、粘补、拆造限期，应需油、麻、钉、铁等物，恭摺具奏[199]，派员赴部请领。其所用木植，派水手人等砍运，以备修造。

凡[200]碾造火药，动用银两数目，年终汇总题销。

凡[201]碾造火药应用硫磺，派员赴盛京工部交送价银，将硫磺领来，铅块亦由盛京购买备用。

官参局[202]

每年将吉林、宁古塔散放参票数目，于五月内，恭摺具奏。

每年将参务公费银两数目，于十一月内具题。

每年吉林、宁古塔二处，应散放参票，于十一月内具奏，派员赴户部请领。

每年吉林、宁古塔二处，散放余剩参票，并接济刨夫银两数目，具奏。将余剩参票，派员缴回户部。

每年新收官参，派员解送，于十二月内，恭摺具奏。

理事厅

每年将征收地钱粮数目，于正月内，先行具奏。

每年将征收木税银两数目，于四月内具题。

每年将征收地丁杂税银两数目，于四月内具题。

凡民人及旗民交涉、人命、盗窃词讼等案，罪应徒流以上者，具稿呈请，分别咨部。

卷　六

学　校

学　额

儒林文苑

祠　祀

学校

吉林儒学，在城内东南隅。乾隆七年，永吉州知州魏士敏建庙宇、黉宫，诸制略备。三十年，同知图善于庙内东南隅隙地，起奎星楼一间。上奉奎宿，下祀文昌帝君。其前，修棂星门三楹。五十五年，城内火灾，庙学俱毁，惟奎星楼存。将军林[53]宁奏请动用官银重修殿庑、门堂，焕然一新。嘉庆十一年，斋房又毁。十四年，奉天学政茹棻奉请颁发内板经籍于奉省各学，饬建尊经阁。同知富元、学正孙轼白、将军秀林、副都统达禄，率所属官员、绅士，捐资修建尊经阁于斋房故址，此吉林庙学兴建之源流也。

圣[202]庙在学之东，中为圣殿三间，东西两庑各三间。启圣祠三间，在殿后。大成门三间，在庑前。又前为泮水池。池北，东西两角门，东曰圣域，西曰贤关。正殿有仁宗睿皇帝御书“集圣大成”匾额。池南为棂[54]星门。门墙外左右下马坊各一，其南照壁一座。明伦堂三间在庙之西，堂西庑为斋房三间，东向，今改为尊经阁三间。学正廨宇在明伦堂后，缭以墙垣，长四十丈，宽八丈。

圣殿，中奉大成至圣先师位，两旁四配位：复圣颜子、述圣子思子。西向宗圣曾子，亚圣孟子。东向次十哲位：先贤闵子损、冉子雍、端木子赐、仲子由、卜子商、有子若。西向先贤冉子耕、宰子予、冉子求、言子偃、颛孙子师、朱子熹。东向正脊恭悬圣祖仁皇帝御书“万世师表”匾额。

东庑祀先贤：蘧子瑗、澹台子灭明、原子宪、南宫子适、商子瞿、漆雕子开、司马子耕、梁子鳣、冉子孺、伯子虔、冉子季、漆雕子徒父、漆雕子哆、公西子赤、任子不齐、公良子孺、公肩子定、邬子单、罕父子黑、原子亢、廉子洁、叔仲子会、公西子舆如、邽子巽、陈子亢、琴子张、步叔子乘[206]、秦子非、颜子哙、颜子何、县子亶、乐正子克、万子章、周子敦颐、程子颢、邵子雍。先儒公羊子高、伏子胜、董子仲舒、后子苍、杜于子春、诸葛子亮、王子通、范子仲淹、欧阳子修、杨子时、罗子从彦、李子侗、吕子祖谦，蔡子沈、陈子淳、魏子了翁、王子柏、赵子复、许子谦、吴子澄、胡子居仁、王子守仁、罗子钦顺。

西庑祀先贤：林子放、宓子不齐、公冶子长、公晳[207]子哀、高子柴、樊子须、商子泽、巫马子施、颜子辛、曹子邮、公孙子龙、秦子商、颜子高、壤驷子赤、石作子蜀、公夏子首、后子处、奚容子蒧、颜子祖、句井子疆、秦子祖、县子成、公祖子句兹、燕子伋、乐子欬、狄子黑、孔子忠、公西子蒧、颜子之朴、施子之常、申子枨、左子邱明、秦子冉、牧子皮、公都子□[208]、公孙子丑、张子载、程子颐。先儒穀梁子赤、高堂子生、孔子安国、毛子苌、郑子康成、范子宁、韩子愈、胡子瑗、司马子光、尹子焞、胡子安国、张子栻、陆子九渊、黄子幹、真子德秀、何子基、陈子澔、金子履祥、许子衡、薛子瑄、陈子献章、蔡子清、陆子陇。其启圣祠在圣殿后，祀肇圣王木金父、裕圣王祈父、诒圣王防叔、昌圣王伯夏、启圣王叔梁纥。东配先贤颜氏无繇、孔氏鲤；西配先贤曾氏点、孟孙氏激。东从祀先儒程氏珦、周氏辅成、蔡氏元定。西从祀先儒张氏迪、朱氏松。

道光二年二月上谕：明臣刘宗周，植品莅官，致命遂志，实为明季完人。其讲学论心，著书立说，粹然一出于正，洵能倡明正学，扶持名教。刘宗周著从祀文庙西庑，列于明臣蔡清之次。从御史马步蟾请也。公籍隶山阴，自壮登仕，历官至左都御史。当明季时，清标介节，冠于同朝，忠言谠论，形诸奏牍，以及殉难捐躯，致命遂志，载在史传。我朝乾隆四十一年，赐谥忠介。著有《刘子全书》百余卷。其学专以诚意为主，而归于慎独，发明圣贤宗旨。

道光三年二月谕：原任尚书汤斌，学术精醇。顺治年间，有旨褒其品行清端。康熙年间，有旨称其老成端谨。至其政绩卓著，则禁侈靡，兴教化，举善惩贪，兴利除弊。官岭北时，擒获巨寇，以靖地方。巡抚江苏时，毁不经之祀，化斗狠[209]之风，奏豁民欠，议减赋额。还京之日，部民送者十余万人。其他奏议，忠言谠论，剀切详明，正色立朝，始终一节。所学主于坚苦自持，事事讲求实用，著书立说，深醇笃实，中正和平，洵能倡明正学，远契心传。汤斌着从祀文庙东庑，列于明臣罗钦顺之次。从通政司参议卢浙请也。乾隆元年，赐谥文正。公籍隶河南，授职词垣，历官至尚书。学术深醇，事业昭著，不减前贤。《四库全书》公遗书十卷。谓其坚苦自持，事事讲求实用，奏议规画周密，条析详明，不同迂论。

道光五年二月上谕：明臣黄道周着从祀文庙东庑明臣罗钦顺[210]之次。从浙闽总督赵慎畛请也。公籍隶漳浦，历官少詹。忠言谠论，守正不阿，中遭贬黜，矢志不移，卒能致命成仁，完名全节，明史传赞。乾隆四十一年，赐谥忠端。录其生平，著述尤富，《四库》采录其书多至十种，皆阐[211]明经旨，推究治道，最深于《易经》《孝经》，虽在狱中，犹草易图六十四象，写《孝经》一百二十本。可谓信道成仁，以诚意为主，而归于慎独，以致知为宗，而止于至善，守朱子之道脉，而独溯宗传。

尊经阁存贮书籍目录

《圣谕广训》一部一套，《御制周易折中》一部一套，《钦定书经传说汇纂》一部四套，《钦定诗经传说汇纂》一部四套，《钦定春秋传说汇纂》一部四套，《钦定周官义疏》一部七套，《钦定仪礼义疏》一部八套，《钦定礼记义疏》一部十套，《御注孝经》一部一套，《御定孝经集注》一部一套，《御纂周易述义》一部一套，《御纂诗义折中》一部一套，《御纂春秋直解》一部一套，《御纂朱子全书》一部四套，《御纂性理精义》一部一套，《御定康熙字典》一部六套，《御批资治通鉴纲目》一部八套，《御定子史精华》一部四套，《御定佩文韵府》一部二十套，《御选古文渊鉴》一部四套，《御选唐宋文醇》一部二套，《御选唐宋诗醇》一部二套，《钦定四书文》一部三套，《周易注疏》一部一套，《尚书注疏》一部一套，《毛诗注疏》一部二套，《左传注疏》一部二套，《公羊注疏》一部一套，《穀梁注疏》一部一套，《周礼注疏》一部二套，《仪礼注疏》一部二套，《礼记注疏》一部二套，《论语注疏》一部一套，《孟子注疏》一部一套，《孝经注疏》一部一套，《尔雅注疏》一部一套。

以上共三十六部，计一百一十六套。

《御论》一本。道光三年颁发。《钦定学政全书》道光五年颁发，十六本[212]。

道光五年，将军富俊以八旗世仆、于国语、骑射之外，当教以清汉文义，奏请颁发书籍，存贮印库。目录：

《开国方略》一部四套,《八旗世族通谱》一部六套,《盛京通志》一部八套,《清文户部则例》一部未颁,《清文大清律例》一部六套,《清文工部则例》一部未颁[八],《清文礼部则例》一部未颁,《康济录》一部一套,《耕织图》一部四套,即授时通考,《渊鉴类涵》一部三十套,《清字四书》一部一套,《清字五经》一部十一套。[213]

蒙古《圣谕广训》一部一套。

学额

岁试入文童四名，武童四名；科试入文童四名，廪额二，增额二，五年一贡。吉林民籍由宁古塔移驻，立学之始，年远无考。学正官由雍正十二年添设。嘉庆五年奉旨，添满合二号，文童每五六名取入一名。十三年，学政茹棻奏定，满字号廪额一，增额一；合字号廪额一，增额一,十年一贡。道光六年，将军富俊会同学正陈奏，添长春厅学额三名，伯都讷一名，初定未设廪、增，仍隶吉林儒学。

儒林文苑

进士民籍

田麟　顺治壬辰科，历官内宏文院编修。

马维驭　乾隆庚子科，历官湖北施南府知府。

举人民籍

吴三元　顺治乙酉科，历官贵州遵义府知府。

李锦　乾隆甲子科，知县衔，未任。

刘铨　乾隆戊申科，知县衔，未任。

马维骢　乾隆乙卯科。

恩贡生民籍

甯廷璧　乾隆三十九年。　王光裕　乾隆四十九年。

宋桂芳　乾隆五十四年。　武青选　乾隆五十九年。

宣麟　嘉庆四年，现任临汾县知县。

刘福生　嘉庆九年。　赵经元　嘉庆十四年。

吴黄金　嘉庆二十四年。　武全义　道光四年。

拔贡生民籍

李麟　乾隆三十年。　王杰　乾隆四十一年。

甯天禄　乾隆五十三年。　马维骢　嘉庆五年，南河试用知府。

陈志英　嘉庆十七年。　王锡　道光四年。

岁贡生民籍

杨清久　乾隆三十四年。　刘伟　乾隆三十九年。

王怀温　乾隆四十四年。　陈志星　乾隆四十九年。

张恭　乾隆五十四年。

齐尚懿　乾隆五十九年，云南大姚县知县。

杨实　嘉庆四年。　顾怀良　嘉庆九年。

韩谦　嘉庆十四年。　张文蔚　嘉庆十九年。

勾功　嘉庆二十四年。　马光第　道光四年。

优贡生　合字号汉军

沈承瑞　嘉庆十五年。　沈志朴　嘉庆十八年。

岁贡生　满字号

七车布　嘉庆二十三年。

岁贡生　合字号汉军

田烈功　道光三年。

白山书院　在参局街。嘉庆十九年，将军富俊买民居为学舍，有房五间。十九年，原任吏部尚书铁保，谪戍吉林，榜以今名。将军富俊以其地近市华嚣，改修宾馆，即舍后修学舍五间，榜以故额。其跋曰:“此邦人士，重武备而略文事。将军富俊、副都统松箖首创书院。延前归德守熊西山之书，前经历朱慎崖、宇泰，前福建令朱玉堂，履中主讲席，彬彬絃诵，文教日兴。余喜其创始之难，而乐观其成也，于是乎书。”

满学[214]

吉林二　在圣庙西南半里许，学舍十四间。康熙三十二年，公捐营建。乾隆七年，奏请官项[215]修葺。八旗每佐领每岁额送学生四名。

宁古塔二　在城内东南隅，学舍六间。雍正六年，公捐营建。乾隆五十七年，奏请官项[216]修葺。八旗每佐领每岁额送学生六名。

伯都讷二　在城内正南，学舍六间。雍正六年，公捐营建。乾隆四十八年，奏请官项[217]修葺。八旗每佐领每岁额送学生四名。

三姓二　在城内东南隅，学舍六间。雍正十二年，公捐营建。乾隆十七年，奏请宫项[218]修葺。八旗每佐领每岁额送学生四名。

以上八学，俱分左右翼。

阿勒楚喀一　在城内东南隅，学舍三间。雍正五年，公捐营建。乾隆三十三年，奏请官项[219]修葺。八旗每佐领每岁额送学生三名。

拉林一　在堡内东北隅，学舍三间。乾隆二十一年，公捐营建。三十五年，奏请官项[220]修葺。八旗每佐领每岁额送学生三名。乌拉

二　学舍六间，公捐营建。嘉庆二年，奏请官银修葺。每岁额送学生四名。乾隆三十年，总管索柱捐建汉义学于城内。

额穆赫索罗一　学舍三间，公捐营建。生徒无额。

以上十三学，生徒俱于二月上学，习清文、骑射。将军富俊四任吉林，左右翼二学添习清文翻译[九]，每月朔、望呈递课本，亲为改正，并时常赴学考验功课，优者奖励，劣者交助教官指引，文教日兴。[221]

吉林[222]蒙古学一　在圣庙西南半里许，学舍三间。乾隆六年，蒙古八旗兵力营建。五十八年，奏请官项[223]修葺。生徒无额，习蒙古文、骑射，余与汉[224]学同。

吉林左右翼二学，助教官二员，每翼教习四名，由领催、披甲内挑选。蒙古学系蒙古翻译笔帖式兼充教习。其宁古塔城、伯都讷、三姓、阿勒楚喀、乌拉、拉林每学各设教习笔帖式一名，亦各有教习帮教。惟珲春、额穆赫索啰学舍系兵资营建，未设教习笔帖式，各由本处领催，披甲内挑选通晓清汉文义者，充作教习。

祠祀

吉林

先农坛　在城小东门外一里。正殿三楹，坛高三尺，面阔二丈四尺。雍正十年建。

社稷坛　在先农坛侧。高阔尺丈，与先农坛同。同时建。

风云雷雨山川坛　在社稷坛侧。高阔丈尺，与先农坛同。同时建。

城隍庙　在城内将军公署东。前殿三楹，左右配庑各三楹，寝殿三楹，钟鼓楼二，大门三楹。里民修建。

长白山望祭殿　在城西门外九里，温得赫恩山。正殿五楹，祭器楼二楹，牌楼二座，养祭鹿圈一。雍正十一年建。

松花江神庙　在城小东门外一里，江北岸。正殿五楹，牌楼二座，大门三楹，东西门各一。乾隆四十三年建。

至圣先师庙

文昌阁

魁星楼　以上三庙，已详学校类。

关帝庙　二：一在城小东门外半[225]里，正殿三楹，享殿三楹，左右配庑各八楹，钟楼、鼓楼、戏楼各一，大门三楹，东西角门二。乾隆九年建。一在城北门外二里北山，正殿三楹，钟鼓楼各一，配庑三楹，禅房二楹。正殿恭悬乾隆十九年，御书“灵著幽岐”匾额。

观音堂　二：一在城东北隅，正殿三楹，左右配庑各三楹，钟鼓楼各一，大门一楹。乾隆四十八年建。一在城东门外十二里龙潭山，正殿三楹，祭祀房三楹，禅室三楹。乾隆十九年建。正殿恭悬乾隆十九年御书“福佑大东”匾额。

崇礼龙王庙　三：一在城小东门外一里江北岸，正殿三楹，配房三楹，大门一楹。乾隆二十五年重修。一在江南岸，正殿三楹，配房三楹，门宇四楹。乾隆五十七年增建。一在城东门外十二里龙潭山，正殿三楹，山坡牌楼一座。乾隆十九年建。

西方寺　在城西门外一里。正殿三楹，左右配庑各三楹，耳房三楹，又弥勒殿一楹，钟鼓楼二，大门三楹，东西角门各一。乾隆二十五年，铺户[226]里民重修。

瘟神庙　在城内东南隅。正殿三楹，配庑大门共六楹。康熙三十三年建。

八蜡庙　瘟神庙侧[227]，即虫王庙。正庙三楹，同时建。

三义庙　在城北隅。正殿三楹。配庑三楹，大门一楹，东西角门二。乾隆二十年建。

祖师庙　二：一在城大东门内路南，正殿三[228]楹，配庑六楹，禅房三楹，房三楹，大门二楹。嘉庆十二年重修。一在城外北山药王庙侧。正[229]殿三楹。

财神庙　在城西北隅。正殿三楹，左右配庑各三楹，禅房三楹，牌楼一座，戏楼一座，大门三楹，东西角门二。嘉庆十二年里民重修。

药王庙　在城北山关帝庙后。正殿三楹，左右配庑各三楹，大门一楹。乾隆三年建。

三官庙　在城隍庙东北隅。正殿三楹，左右配庑各三楹，大门三楹。乾隆四十四年建。

东岳庙　在城大东门外。正殿三楹[230]，左右配庑各六楹，禅房三楹，钟鼓楼二，大门三楹。康熙二十五年建。

火神庙　在城西门外。正殿三楹，左右配庑各三楹，大门三楹。嘉庆十三年里民重修[231]。

山神庙　二：一在城西门外，正殿三楹，左右配庑各三楹，大门三楹，戏楼一楼。雍正元年建。一在城东地藏庵侧，正殿三楹。

马神庙　在城西门外。正殿三楹，左右配庑各五楹，大门三楹。康熙三十四年建。

喜庆寺　在城西门外九里欢喜岭。正殿三楹，配庑三楹，耳房、大门共四楹。

北极庙　在城巴虎尔门外二里元[232]天岭。正殿三楹，配庑三楹，耳房三楹，大门二楹。乾隆三十年建。

大雄阁　即玉皇阁。在城外北山药王庙后山。高阁三楹。乾隆四十一年建。

地藏庵　在城大东门外一里。正殿三楹，配庑五楹，禅房二楹[233]，大门一间，东西角门二。乾隆五十二年建。

鬼王庙　在城西门外一里。正殿三楹，大门一楹。

毓麟堂　在城西北隅。正殿三楹，禅房一楹，大门一间。乾隆十一年建。

圆通寺　在城西隅。正殿三楹，耳房二楹，大门二楹。

娘娘庙　在城东关帝庙后。正殿三楹，大雄阁一座。

酒仙祠　在娘娘庙侧。正殿三楹。

土地祠　在城内城隍庙侧。正殿三[234]楹。

功德院　在城北隅。正殿三楹，后殿五楹，左右配庑各三楹，大门三楹。

贤良祠　在城内功德院侧。正殿一楹。

昭忠祠　在城内城隍庙侧。正殿三楹。嘉庆八年建。

宁古塔

至圣先师庙　二：一[235]在城东南隅，康熙三十二年建。

文昌庙　二：一在城东南隅。一在城外关帝庙侧，正殿三楹。嘉庆二十三年建。

魁星楼　同时建。

城隍庙　在城外东南一里。正殿三楹，东北配庑各三楹，大门一楹。

关帝庙　三：一在城外正西里许，正殿三楹，配庑各五楹，钟鼓楼各一，大门三楹。一在城外东南三里，正殿三楹，享殿三楹，大门三楹。一在城西南十里，正殿三楹，配庑各五楹，大门三楹。

山神庙　二：一在城西门外里许，正殿三楹，东西配庑各五楹，大门一楹。一在城外东南一里，正殿三楹，东西配庑各五楹，大门三楹。

地藏寺　二：一在城西门外三里，正殿三楹。一在城外东北隅二里，殿宇三楹。

观音阁　在城西门外三里。正殿三楹，大门三楹。

茶棚庵　在城南门外。殿宇四楹。

古佛寺　在城外东南里许。

土地祠　在城外东南里许。正殿一楹。

药王庙　在城东南一里。正殿三楹，左右配庑各三楹，大门三楹。

七圣祠　在城外东南一里。正殿三楹，左右配庑各三楹，大门三楹。

三官庙　在城外东北里许。正殿三楹，左右配庑各三楹，大门三楹。

娘娘庙　在城外东北里许。正殿三楹，左右配庑各五楹，大门三楹。

天齐庙　在城外东北一里。正殿三楹，东西配庑各五楹，大门三楹。

祖师庙　在城外东北一里。正殿三楹，大门三楹。

财神庙　在城外东北一里。正殿三楹，左右配庑各五楹，大门三楹。

龙王火神庙　在城外东北一里。正殿三楹，左右廊房各五楹，山门三楹。

马神庙　在城外东南隅。正殿三楹。

伯都讷

至圣先师庙　在城东南隅。道光二年建。

先农坛　在城南门外。雍正五年建。

社稷坛　在城南门外。雍正十年建。

风云雷雨山川坛　在城南门外。雍正十年建。

城隍庙　在城西南隅。正殿三楹，旁庑三楹，大门三楹。雍正六年建。

江神庙　在城南门外。嘉庆五年建。

药王庙　在城西北[236]隅。〔十〕正殿三楹，左右配庑各三楹，大门六楹。

乾隆十六年建。

真武庙　在城西北隅。正殿三楹，左右配庑各三楹，大门一楹。乾隆二十九年建。

娘娘庙　在城南门外一里。正殿三楹，西庑三楹，山门一楹。乾隆十六年建。

关帝庙　在城外一里东南河口。正殿三楹，左右配庑各三楹，钟鼓楼各一，山门三楹。康熙四年建。

祖师庙　在城外东南一里。正殿三楹，大门一楹。乾隆十六年建。

龙王庙　在城外东南一里。正殿三楹，大门一楹。乾隆四十九年建。

山神庙　在城西北隅。正殿三楹。乾隆二十九年建。

财神庙　在城西街。乾隆二十九年建。

瘟神庙　在城南。乾隆五十九年建。

鲁班庙　在城南。道光三年建。

鬼王庙　在城南。乾隆五十七年建。

昭忠祠　在城南。嘉庆九年建。

石佛寺　在城外旧东京城东南隅。相传金时慈圣太后所建。石佛高二丈余，后石首坠，有石工人欲凿为碾，甫举锤头，涔涔痛置之。是夕，里人同感异梦。于是，举石首，凑诸像，冶铁固之，即古址建刹。至今香烟尤盛。

观音寺　在吉林峰下。

三姓

至圣先师庙　在城内。

文昌阁　在城内。

魁星楼　在城内。

关帝庙　二：一在西北隅，正殿三楹，左右配庑各五楹，钟鼓楼各一，大门三楹。一在南门外，正殿三楹，左右配庑各五楹，钟鼓楼各一，大门二楹。

马神庙　在城西北隅。正殿三楹，山门三楹。

城隍庙　在城西北隅。正殿三楹，左右配庑各三楹。

龙王庙　在城北四里。正殿三楹，左右配庑各三楹，钟鼓楼一，大门三楹。

三皇庙　在城外西南三里。正殿三楹，左右配庑各三楹，钟鼓楼各一，大门三楹。

娘娘庙　在城外东北隅五里。正殿三楹，西庑三楹，大门一楹。

财神庙　近城西北隅。正殿三楹，东西配庑各五楹，钟鼓楼各一，大门三楹。

火神庙　在城外西北隅。正殿三楹，东西配庑各三楹，大门三楹。

昭忠祠　在城外。

阿勒楚喀

至圣先师庙　在城内。

文昌庙　在城内。

关帝庙　二：一在城内南门外，正殿三楹，东庑五楹，大门三楹。一在城外西南隅，正殿三楹，东西配庑各五楹，钟鼓楼各一，大门三楹。

城隍庙　在城西北隅。正殿三楹，东西配庑各三楹，大门三楹。

龙王庙　在城东北隅。正殿三楹，东西配庑各三楹，大门三楹。

三皇庙　在城内。

娘娘庙　在城外东南隅。正殿三楹，大门三楹。

虫王庙　在城外东南隅。正殿三楹，大门一楹。

山神庙　在城外西南隅。正殿三楹，东北配庑各三楹，大门一楹。

财神庙　在[237]城外西南隅。正殿三楹。

昭忠祠　在城内。

乌拉

关帝庙　二：一在城内东北隅，正殿三楹。一在城北四里，正殿三楹，后庑二楹。

药王庙　在城外西南隅。正殿三楹，后殿三楹。

财神庙　在城外西北半里。正殿三楹。

娘娘庙　在城外西北隅二里。正殿三楹，后殿三楹。

山神庙　在城外西北四里。正殿三楹。

拉林

关帝庙　在街内东北隅。正殿三楹，东西配庑各五楹，大门三楹。

娘娘庙　正殿三楹。

药王庙　正殿三楹。

山神庙　正殿一楹。

以上三庙俱在关帝庙内。

双城堡

关帝庙　中左右屯各一。右屯未建庙之先，佐领武伦保忽感异梦，晨起出门，遥望正东里许，有大庙宇一座。策马追寻，愈远无迹。回至初见之所，焚香许愿，建庙破土兴工时，得古磬焉。

卷　七

公　署[238]
人　物
田　赋
物　产

公署

吉林

将军公署　大堂七间，穿堂五间，仪门三间，大门三间。乾隆十九年，高宗纯皇帝巡幸吉林，御书“天江锁钥”匾额恭悬穿堂内。大堂后印房，办本折满档房五间，汉档房二间。偏东督催所办事房三间，堂前西厢工司办事房三间，档房三间，户司办事房五间，档房三间，同知办事房二间。东厢兵司办事房五间，档房三间，刑司办事房五间，档房三间。仪门外东前锋营房三间，前锋该班房二间，鸟枪营办事房三间，土地祠一间。西水手营办事房三间，虎枪营房二间，管围场办事房二间，番役听差房一间。署外左右八旗听差房十六间。鹿角木全照壁一，牌楼二。

仓　在城内东北隅，康熙二十八年，建太平仓房六十间，永宁仓房六十四间。嘉庆二十三年，均改修廒仓。看仓巡更堆房共六间，仓上办事房三间。乾隆八年，增修八旗义仓房九十六间，又在西门外西南隅，建水手营义仓房七间。

库　在公署内。印库楼二间，银库楼二间，康熙十五年建。绵[239]甲库楼三间，枪库楼二间，雍正十年修。看库巡更堆房共四间。

监狱　在署内。大狱房十五间，狱神庙一间，看狱巡更堆房四间，狱官住房三间，行狱房五间，看狱巡更堆房三间。

演武厅　在北门外。正厅五间，卷棚二[240]间，操演枪厅三间，堆房二间，十旗听事房十间。嘉庆三年重修。

街道厅　两翼激桶房八间，查街办事房四间。

果楼　存贮楼三间，晒晾楼三间，看守堆房五间。

鹰房　六间。在巴虎门内东南隅。

黑牛房　六间，牛圈五间，羊圈二间，看守堆房三间。在北门外。

官参局　大堂五间，东库三间，西库三间，穿堂五间，大门五间，照壁一座。在粮米行街北。

火药局　库三间，看库巡更堆房二间，造火药房六间。在北门外。

八旗弓匠房　十六间。在河南街路南。

八旗铁匠房　十七间。在西门内路北。

船营库　在西门外西南隅。火药库三间，颜料库三十间，看库巡更堆房三间。

龙船房　十二间，造船房三间，看船巡更堆房二间。在西门外。

公馆　在官参局东隔壁。嘉庆二十二年捐建。正房五间，东西厢房各三间，二门一间，东西厢房各五间，大门五间。

将军署　共住房六十四间，东西辕门二间，栅栏改竖板墙照壁一座，旗杆二根。在尚仪街，南临江岸。

副都统署　共住房四十二间，辕门二间，照壁一座。在粮米行街路南。

理事同知公署　共房三十间。在城内西北隅。

巡检公署　共房八间。在同知公署东隔壁。

学正公署　在圣庙西院。共住房八间。明伦堂三间，尊经阁三间。

民仓　永丰仓房三十六间，看仓巡更堆房三间。嘉庆十九年修。在同知公署西南隅。

狱房　六间，看狱巡更堆房三间。在同知公署西隅。

税房　三间，在牛马行街西。

十旗官房　共二百零八间。

八旗堆房　共二十三间，按五街五门分设西门外，江岸摆渡房二间。

乌拉

协领公署　正房五间，东西厢房各三间，二门一间，大门一间，左右听差房二间。

八旗义仓　十三间，乾隆二十一年修，在东门外。看仓堆房三间。

八旗堆房　共二十四间，在城内。

演武厅　三间，堆房二间。在东门外。

总管公署　大堂五间，二堂五间，档房三间，八旗办事房十间。

仓　在城内东北隅，共八十三间。康熙四十六年建。现实存五十间。看仓堆房三间。

银库　一间。

贮鱼房　三间。

贮蜜房　三间。

伊通

佐领公署　正房三间，东西厢房各三间，大门一间。

演武厅　三间。

义仓　镶黄旗、正黄旗各三间。

巡检公署　大堂三间，住房三间，书吏房一间，二门一间，大门一间，照壁一座。

额穆赫索罗[241]

佐领公署　正房三间，听差房三间，大门一间。

演武厅　三间。

边门各台站

义仓　巴彦鄂佛罗[242]边七台，每台仓房三间，共二十一间。伊通边七台，每台仓房三间，共二十一间。黑尔苏边八台，每台仓房三间，共二十四间。布尔图库边七台，每台仓房三间，共二十一间。乌拉、额赫穆等十八站，每站仓房三间，乌拉站水手仓房三间，共五十七间。金珠鄂佛罗[243]等十站，每站仓三间，共三十间。统计一百七十四间。

长春厅

通判公署　大堂三间，二堂三间，穿堂三间，书吏房六间，档房三间，住房三间，二门三间，大门一间，左右听差房二间，照壁一座。

巡检公署　大堂三间，书吏房一间，住房三间，二门一间。大门一间，照壁一座。

监狱　房六间，禁卒房二间，狱神庙一间，看狱巡更堆房一间。

宁古塔

副都统公署　大堂五间，穿堂五间，左右司办事房各三间，档房各三间，印房三间，前锋营虎枪房共六间，仪门三间，大门三间，栅栏全照壁一座。

仓　公仓四十间，仓档房二间，看仓巡更堆房二间。康熙三十五年建。又雍正五年增建义仓三十二间。

库　在公署内。印库一间，银库三间，看库巡更堆房二间。雍正四年建。

演武厅　三间，看守堆房三间。

监狱　在公署内。五间，看狱巡更堆房三间。

官参局　共房二十九间。乾隆二十八年建。

八旗弓匠铁匠房　六间。

火药库　一间，看库巡更堆房二间。

果楼　三间。

税房　三间。

激桶房　八间。

鹰房　三间。

副都统署　住房三十七间，照壁一座。

珲春

协领公署　大堂五间，办事房三间，档房三间，仪门一间，大门三间。

义仓　十五间，看仓巡更堆房三间。雍正五年建。

库　在公署内。银库三间。

演武厅　三间。

三旗堆房　三间。

伯都讷

副都统公署　大堂五间，穿堂三间，印房二间，左右司办事房各三间，前锋营房三间，荒营虎枪营房三间，土地祠一间，仪门一间，大门三间，八旗办事房四间，栅栏全照壁一座。

仓　中仓十间。康熙三十二年，建后仓十间。雍正六年，建前仓十间。乾隆十年，建看仓巡更堆房二间。又雍正五年，建义仓二十六间，看仓巡更堆房二间。

库　在公署内。印库二间，银库二间，看库巡更堆房各二间。康熙三十二年建。

监狱　三间，看狱巡更堆房三间。

演武厅　三间，看守堆房二间。

果楼　二间，看守堆房二间。

激桶房　二间。

八旗弓匠铁匠房　共六间。

火药库　一间，看库巡更堆房二间。

副都统署　共住房二十五间，照壁一座。

同知公署　共房二十二间，照壁一座。

巡检署　共房七间，照壁一座。

狱房　六间，狱神庙一间，看狱巡更堆房三间。

民仓　二十四间，看仓巡更堆房二间。嘉庆二十一年建。

税房　二间。

孤榆树屯

巡检公署　大堂三间，住房三间，书吏房一间，二门一间，大门一间，照壁一座。

三姓

副都统公署　大堂五间，穿堂五间，大门三间，仪门三间，印房三间，左右司办事房各三间，档房六间，前锋营荒营房共六间，八旗听差房八间，鹿角木全照壁一座。

仓　永丰仓五十间，康熙三十二年建。乾隆五十五年，增建二十间。仓档房三间，看仓巡更堆房四间。又义仓二十间，雍正六年建。

库　印库一间，银库二间，绵[244]甲库一间，看库巡更堆房六间。

监　狱　五间，看狱巡更堆房三间。

演武厅　三间，看守堆房三间。

赏需楼　三间。

果楼　二间，看楼堆房二间。

查街办事房　三间。

八旗弓匠铁匠房　六间。

税房　三间。

火药库　一间。

鹰房　五间。

船房　三间。

副都统署　共住房二十二间，照壁一座。

阿勒楚喀

副都统公署　大堂五间，穿堂三间，仪门一间，大门三间，左右司办事房各三间，前锋营房三间，八旗听差房十间，栅栏[245]照壁一座。

仓　公仓六十间。乾隆三十一年，修看仓巡更堆房三间。又雍正六年，建义仓二十间。乾隆三十九年，裁汰[246]七间。现实存仓房六十间，义仓十三间。

库　印库二间，银库二间，看库巡更堆房各二间。

监狱　九间，看狱巡更堆房三间。

演武厅　三间，看守堆房二间。

果楼　二间，看守堆房三间。

查街办事房　三间。

税房　三间。

副都统署　共住房三十六间，照壁一座。

拉林

协领公署　大堂五间，穿堂三间，仪门一间，大门三间。

仓　公仓六十间。乾隆三十年，建看仓巡更堆房三间。又乾隆三十九年，建义仓十三间。

绵[247]甲库　二间，看库巡更堆房三间。

演武厅　三间，看守堆房三间。

果楼　二间，看守堆房三间。

查街办事房　三间。

税房　二间。

协领署　共住房三十六间。

双城堡

中屯协领公署　正堂三间，东西厢房各三间[248]，大门一间。

义仓　九间，看仓巡更堆房一间。

左屯佐领公署　正堂三间，厢房三间，大门一间。

右屯佐领公署　正堂三间，厢房三间，大门一间。

左右屯义仓　各九间，看仓巡更堆房各一间。

人物[249]

赍保　吉林镶蓝旗满洲人。大学士，军机大臣。

舒赫德　珲春满洲人。大学士，平定土尔古特、新疆、山东临清州。

慎泰　吉林正黄旗满洲人。户部侍郎。

顺海　吉林镶黄旗满洲人。都察院左都御史。

穆克德恩　乌拉满洲人。领侍卫内大臣，西安将军，出师巴里坤。

富德　吉林正黄旗满洲人。御前大臣，领侍卫内大臣，议政大臣，理藩院尚书，方略馆副总裁，管理翻书房左翼右官学新旧营房事务，正黄旗蒙古都统。出师巴里坤、金川、云南。一等威勇侯。

额勒登保　乌拉满洲人。御前大臣，太子太保，领侍卫内大臣。出师缅甸、石峰堡、金川、台湾、廓尔喀。又授川、陕、楚经略大臣，赏戴双眼花翎，世袭一等威勇侯，霍隆武巴图鲁。晋封威勇公。

哈朗阿　乌拉满洲人。御前侍卫、前锋统领，世袭一等威勇侯。出师河南、喀什噶尔。西朗阿巴图鲁。额勒登保之子。

博崇武　吉林正黄旗满洲人。福建副将。出师兰州、山东，金川。玛桑巴图鲁。

朱尔杭阿　吉林正黄旗满洲人。御前侍卫、都统、前引大臣，兼管上驷院、武备院事务。出师廓尔喀、山东、兰州。七达勒巴图鲁。博崇武胞弟。

巴特玛　吉林正黄旗满洲人。正白旗都统。出师金川。奇而特依巴图鲁。

多隆武　吉林镶白旗满洲人。四川提督。出师川、陕、楚。○○○巴图鲁。

尼玛善　吉林镶白旗满洲人。成都将军。出师川、陕、楚。多隆武之任。

特依顺保　珲春满洲人。黑龙江将军。出师川、陕、楚。齐成额巴图鲁。

格布舍　珲春满洲人。宁夏将军。出师川、陕、楚、河南。○○○○巴图鲁。

僧保　吉林正白旗满洲人。吉林副都统。

灵泰　吉林正蓝旗满洲人。盛京副都统。

武灵阿　吉林正红旗满洲人。吉林副都统。出师云南、金川。奖赏花翎。

佟海　吉林正蓝旗满洲人。熊岳副都统。

乌雅勒达　乌拉满洲人。署齐齐哈尔将军，伯都讷副都统，塔尔巴哈台参赞大臣。出师巴里坤、云南、金川。奖赏花翎。

达嵩阿　乌拉满洲人。三姓副都统。出师金川。奖赏花翎。乌雅勒达之胞弟。

苏伦保　吉林正黄旗满洲人。伯都讷副都统,加都统衔。出师川、陕、楚、喀什噶尔。哈布台巴图鲁。

常在　三姓满洲人。山东副都统。出师川、陕、楚。博奇巴图鲁。

索住　乌拉满洲人。吉林副都统，兼乌拉总管。奖赏花翎。

吉禄　乌拉满洲人。吉林副都统，兼乌拉总管。索住之子。

乌凌阿　吉林镶白旗满洲人。喀什噶尔办事大臣，前引大臣。出师川、陕、楚、喀什噶尔。

舒尔哈善　吉林镶白旗满洲人。呼伦贝尔总管,喀什噶尔办事大臣。出师川、陕、楚、河南、喀什噶尔。舒玛海巴图鲁。

穆腾额　吉林正白旗满洲人。阿勒楚喀副都统。出师川、陕、楚。

吉利杭阿巴图鲁。

明德　乌拉满洲人。墨尔根副都统。出师川、陕、楚。嘎而萨巴图鲁。

武登额　吉林镶白旗满洲人。熊岳副都统。出师云南、金川、台湾、川、陕、楚。嘎尔萨巴图鲁。年八十岁，五世同堂，奉旨赏“恩荣介寿”匾额。

德海　阿勒楚喀满洲人。爱珲副都统。出师川、陕、楚、河南、喀什噶尔。腾奇特依巴图鲁。

和福　额穆赫索罗满洲人。宁古塔副都统。出师河南。奖赏花翎。

精钦保　珲春满洲人。乾清门行走，阿勒楚喀副都统。出师川、陕、楚。奖赏花翎。特依顺保之胞弟。

倭楞泰　吉林镶蓝旗满洲人。吉林副都统。出师川、陕、楚、喀什噶尔。赏换花翎。

安福　吉林镶蓝旗满洲人。乾清门行走，前锋统领。出师川、陕、楚、喀什噶尔。

富永　吉林镶蓝旗满洲人。熊岳副都统。出师金川、川、陕、楚。奖赏花翎。

富僧德　珲春满洲人。乾清门行走，护军统领。出师川、陕、楚。州图鲁。

阿勒罕巴保　珲春满洲人。乾清门行走，副都统。出师川、陕、楚、喀什噶尔。巴图鲁。

富兰　吉林正黄旗满洲人。护军统领，察哈尔都统。出师川、陕、楚。奖赏花翎。

我朝发祥长白，国初佐命貔貅之士，皆出自吉林省，载在史册。今自乾隆年间开录，补志之未载也。

田赋

吉林陈民地七十一万零二百四十一亩，分别三则，银米各半征收，应征银米地各三十五万五千一百二十亩零五分。内上则地各十六万九千六百二十四亩五分，每亩征银三分，米六升六合。中则地各九万三千三百六十三亩，每亩征银二分，米四升四合。下则地各九万二千一百三十三亩，每亩征银一分，米二升二合。乾隆四十二年以后，续增陈民垦地三十二万五千八百九十八亩，不分等则，每亩征银八分，米四合四勺二抄五撮。米一石折征银一两。行差人丁二万五千一百七十丁，每丁征银一钱五分。以上共征地亩、丁银五万六千四百九十六两八钱七分九厘。

宁古塔陈民地五万三千七百三十八亩，分别三则，银米各半征收，应征银米地各二万六千八百六十九亩。内上则地各九千五百十九亩五分，每亩征银三分，米六升六合。中则地各八千六百八十二亩五分，每亩征银二分，米四升四合。下则地各八千六百六十七亩，每亩征银一分，米二升二合。乾隆四十六、七年，续增流民垦地一千三百二十一亩，不分等则，每亩征银八分，米四合四勺二抄五撮。行差人丁一千三百五十丁，每丁征银一钱五分。以上共征地亩、丁银二千零六十两零九钱二分二厘。

伯都讷陈民地十万零四十九亩八分五厘，分别三则，银米地各半征收，应征银米各五万零二十四亩九分二厘五毫。内上则地各二万零二百九十六亩九分二厘五毫，每亩征银三分，米六升六合。中则地各一万五千零四十亩，每亩征银二分，米四升四合。下则地各一万四千六百八十八亩，每亩征银一分，米二升二合。乾隆四十二年以后，续增陈民、流民及娄王氏、孙悦明各控地案内，并查出黑林子、拉林河西岸等处民人[250]垦地二十四万五千六百八十三亩，不分等则，每亩征银八分,米四合四勺二抄五撮。行差人丁一万四千三百七十五丁，每丁征银一钱五分。以上共征地亩、丁银二万六千二百七十九两一钱一分九厘。

三姓陈民地一百二十亩，分别三则，银米各半征收，应征银米[251]各六十亩。内上则地各二十亩，每亩征银三分，米六升六合。中则地二十亩，每亩征银二分，米四升四合。下则地二十亩，每亩征银一分，米二升二合。乾隆四十六七年，续增流民垦地六十六亩，不分等则，每亩征银八分，米四合四勺二抄五撮。行差人丁四百十一丁，每丁征银一钱五分。以上共征地亩、丁银七十一两零六分二厘。

阿勒楚喀行差人丁三千零七十四丁，每丁征银一钱五分，共征丁银四百六十一两一钱。无地亩粮。

以上通省共征地丁银八万五千三百六十九两零八分二厘。[252]

税课

吉林额征牲畜、烟、麻、牙、当、烧酒、木，税银共二千九百八十两。

宁古塔额征牲畜、烟、麻、牙、当、烧酒、木，税银共二千一百五十六两九钱。

伯都讷额征牲畜、烟、麻、牙、当、烧酒、鱼网，税银共一千零四十九两三钱。

三姓额征牲畜、烟、麻、牙、当、烧酒、貂皮，税银共四百四十三两二钱五分五厘。

阿勒楚喀、拉林额征牲畜、烟、麻、牙、当、烧酒，税银共四百九十九两。

长春厅额征牲畜、牙、当、烧酒，税银共四百三十三两九钱六分。

以上共应征税课银，七千五百六十二两四钱一分五厘。

官庄

吉林官庄五十处，壮丁五百名，每壮丁地十二垧，共地六千垧。每壮丁交仓石粮三十石，共交粮一万五千石。官牛三百只内，每岁额倒牛六十只[253]，买补倒毙每牛价银各六两七钱，共应领银四百零二两。嗣因连年被灾，收成欠薄，每年应交粮石不足额数[254]。嘉庆七年〔十一〕，将军赛冲阿奏准，将应征丁粮以一万六百八十石作为正额交纳。嘉庆二十一年，将军富俊复奏准，官庄五十处，壮丁五百名，内除逃故丁一百五十四名，现有丁三百四十六名，实缺丁一百五十四名。共计官地及旗民私开毗连之地一万五千二百四十八垧三亩。按地之肥瘠，统令各按上、中、下等则征收，共计得粮一万一千一百九十七石四斗五升。令各丁赴仓交纳。较前定额一万六百八十石之数，多增粮五百一十七石四斗五升。现定租粮较前甚轻。以后，每年只领减半倒毙牛价[255]已足敷用，每年可节省银二百零一两。查出法特哈边门外三道卡萨哩闲荒，招佃开垦，取租以补缺额，只[256]有认领之人，即行升科起租，俟能敷原额一万五千石之时，再行具奏。

宁古塔官庄十三处，壮丁一百三十名，每壮丁地十二垧，共地一千五百六十垧。每壮丁交仓石粮三十石，共交粮三千九百石。官牛七十八只内，每岁额倒牛十六只[257]，买补倒毙每牛价银各六两七钱，共应领银一百七两二钱。

伯都讷官庄六处，壮丁六十名，每壮丁地十二垧，共地七百二十垧。每壮丁交仓石粮三十石，共交粮一千八百石。官牛三十六只内，每岁额倒牛七只[258]，买补倒毙每牛价银各六两七钱，共应领银四十六两九钱。

三姓官庄十五处，壮丁一百五十名，每壮丁地十二垧，共地一千八百垧。每壮丁交仓石粮三十石，共交粮四千五百石。官牛九十只内，每岁额倒牛十八只[259]，买补倒毙每牛价银各六两七钱，共应领银一百二十两六钱。

阿勒楚喀、拉林官庄六处，壮丁六十名，每壮丁地十二垧，共地七百二十垧。每壮丁交仓石粮三十石，共交粮一千八百石。官牛三十六只内，每岁额倒牛七只[260]，买补倒毙每牛价银各六两七钱，共应领银四十六两九钱。

以上共原额地一万零二百垧，共征仓谷二万五千五百石。

旗田

吉林八旗及蒙古、乌[261]枪营旗地，共九万五千一百三十四垧。

水手营地共二千二百二十六垧。

各驿站地共四万九千九百九十七垧。

四边门地共二万六千六百五十二垧。

宁古塔旗地共六万五千二百九十垧。

伯都讷旗地共六万九千零十一垧。

三姓旗地共八千一百十六垧。

阿勒楚喀、拉林旗地共三万六千二百七十八垧。

珲春旗地共一万二千零五十垧。

乌拉旗地共四万零三百三十垧。[十二]

以上旗地共三十六万五千零九十二垧，无赋额。

物产[262]

貂鼠　吉林、宁古塔、三姓、阿勒楚喀诸山林多有之。甚轻暖。英俄岭以南者，色黄；岭北者，色紫黑。三姓、下江、黑津，皮极高。除贡皮二千六百张外，余准通商贸易。

白貂鼠　另有一种称千年白者，非但不能似黑、黄色者多耳。

猞猁孙　类野狸而大，耳有长毫，白花色。《明一统志》谓之土豹。

狐　色赤而大，夜击之，火星迸出，毛极温暖，集腋为裘，尤贵重。

元狐　出下江。大于火狐，色黑毛暖最贵，又次黑毛稍微黄者为[263]倭刀。

沙狐　生沙碛中。身小色白，腹下皮集为裘，名天马皮。颏皮，名乌云貂。

貂熊　大如狗，紫色，出宁古塔者头紫黑，两肋微白。

银鼠　吉林省诸山中有之。毛色洁白，皮御轻寒。

灰鼠　吉林省诸山中有之。灰白为上，灰黑者次之。

东珠　东三省[264]皆产[265]，惟吉林、黑龙江界内松花江、嫩江、爱[266]珲各江河产者最佳。每年乌拉总管分别派官兵，乘船裹粮，溯流寻采。遇水深处，用大杆插入水底，采者抱杆而下，入水搜取蛤蚌，携出，眼同采官剥开，或百十内得一颗。包裹用印花封记，至秋后方回。将军同总管挑选，如形体不足分数，或不光亮，仍弃之于河，以示严禁，不敢自私，亦汉时钟离意委地之廉洁也。至冬底入贡验收，按成色赏给绸缎布匹。近来折发银两，牲丁更沾实惠矣。

桦皮　树皮似山桃，有紫黑、黄花纹，可裹弓及鞍镫等物。吉林诸山皆有之，乌拉向有桦皮屯，世管佐领带兵丁剥取入贡。雍正年间，裁去世管佐领，将兵丁拨给官地交粮，改为吉林八旗。官兵剥取除额贡之外，有以桦皮作船，大者能容数人，小者挟之而行，遇水辄渡，游行便捷。又以桦皮盖窝棚，并剥薄皮缝联作油单，大雨可以不漏。

烟　东三省俱产，惟吉林省者极佳。名色不一，吉林城南一带名为南山烟，味艳而香。江东一带名为东山烟，味艳而醇。城北边台烟为次。宁古塔烟名为台片。独汤头沟有地四五垧，所生烟叶止有一掌，与别处所产不同，味浓而厚，清香入鼻，人多争买。此南山、东山、台片、汤头沟之所攸分也。通名黄烟。

麻　有线麻、苘[267]麻之别。线麻坚实，凡城堡一切绳套，捆缚需用无穷。吉林城北一带，种麻者居多，每岁所收不减于烟，秋后入店售卖。贩者烟麻并买，转运内地，名为烟麻客。此吉林出产一大桩，每岁约计卖银百余万两，烟麻店生理大获其利。

松塔　吉林、乌拉、宁古塔诸山皆产，而窝集中所产更胜。其形下丰上锐，层瓣鳞砌，望之知如窣堵，每瓣各藏一粒，既熟，则瓣开而子落。

松子　生松塔中，乌拉总管每岁入贡。

安春香　生于山岩洁净处，高一尺许，叶似柳叶而小，味香，可供祭祀。生于长白山者尤异常，俗呼为安息香。

七里香　枝叶似安春香，其叶大而厚。惟产于长白山，别处无所见。

乌拉草　俗语云："关东有三宝，人参、貂皮、乌拉草。"夫草而与人参、貂皮并立为三，则草之珍异可知。吉林山内所产尤为细软。北地严寒，冰雪深厚，凡穿乌拉或穿塔塔马者，必将乌拉草锤熟垫于其内。冬夏温凉得当，即严寒而足不觉冻，此所以居三宝之一也。戊辰，奉天学政茹棻，考古命题乌拉草，吉林优贡沈承瑞有"任他冰雪侵鞋冷，别处阳春与脚随"之句，学使赏识拔其尤焉。

渠麻菜　城外各地，边外之地多有之。忽东忽西，时有时无，谚云有搬家之说，其滋生多在兴旺之地也。

小蒜　称为小根菜。吉林田原向阳处，开冻时百草未萌，小根菜先见青芽。味辛清香，可供厨馔。性消火毒，洵野蔬之异品。岁以入贡。

山葱　《尔雅》谓之茖，俗称为寒葱。产于辉法城一带诸山中最为肥嫩。有寒葱岭。采取时必就寒葱之水洗净，即时用盐盛罐，方不能坏，易水未能良也。其味深长，炎热时青蝇不能沾落，系洁净之品。岁以入贡。

山韭　茎一叶，《尔雅》谓之藿，《诗》“六月食鬱[268]”即此。出辉法城一带尤佳。

蕨菜　即《诗》云“言采其蕨”。美其名吉祥菜。产于吉林山中。茎色青紫肥润，每岁晒干入贡。

蘑菇　诸山中皆有之。种类不一，生榆者为榆蘑，生于榛者为榛蘑，生于樟者为香樟蘑。而榆蘑生榆树窟中尤鲜美，即古所谓树鸡是也。

紫皮萝卜　萝卜皮色带紫者间亦有之，独三姓所产，紫皮萝卜不但皮紫，内肉亦紫，味逾冰梨，爽脆适口。

托盘　产于吉林山中。类似杨梅，名曰托盘，取象形焉。色红鲜艳，味更甜美。惜采摘逾夜即化为红水，清晨吸饮，香美尤为独绝。

海参　形如虫，有肉刺，珲春出者尤佳。

海红　形似海参，能滋补。出珲春。

海茄　形似团哈，皮肉似海参，无刺，滋阴胜品，功同海参。出珲春。

海藻　出东海。黑色，乱如发，叶似藻叶，因名海藻。《本草》云有二种：一种生于浅水，黑色，短如马尾。一种生于深海中，叶大如菜。《唐书·渤海传》：生于南海者亦细，名为昆布。其名虽殊，其实一类。今珲春所出颇盛。

海带　似海藻而粗，柔劲而长，紫赤色。今采者并海藻通呼为海菜。

海蕴　叶似乱丝，亦海藻之类。

鳇鳇　即鲟鳇鱼也，长丈余，鼻长有须，口近颌下。

细鳞鱼　头尖而色白。

哲鲈鱼　似鲈鱼，色黑，味美不腥。

鲫鱼　似小鳊花，出宁古塔南湖者极佳。

鳜鱼　大口，细鳞，有斑彩，即鳌花[269]也。

鲂鱼　缩项，穷脊，细鳞，即鳊花也。

鲚鱼　细鳞，形窄，腹扁，头尾向上，即白鱼。以上同诸色鱼，岁以入贡。

人参　俗称棒锤，有巴掌、灯台、二夹子、四披叶、五披叶、六披叶之名。产于吉林省乌苏哩、绥芬、英俄岭等处深山树木丛林之地。秉东方生发之气，得地脉淳精之灵，生成神草，为药之属极上上品。人参赞云："三桠五叶，背阳向阴，欲来求我，椴树相寻。"

鹿茸　鹿乃仙兽，能别良草。《述异记》云，鹿千岁为苍，又五百岁为白，又五百岁为玄。辽东山阔草壮，鹿得以蕃息，其茸角胶血力精足，入药自为上品。

虎骨胶　虎之一身筋节气力，皆出前足胫骨带胫骨，用全虎骨熬膏胶，治一切风寒、湿潮、腿疾、虚亏之症。亦有专用胫骨熬膏胶者，其效皆神。

牛黄　《经疏》云："牛食百草，其精华凝结成黄。"或云牛病乃生黄者，非也。牛有黄必多吼唤，以盆水承之，伺其吐出，迫喝即堕水，名曰生黄。揭折轻虚而气香者良。杀死，角中得者名角黄，心中得者名心黄，肝胆中得者名肝胆黄。成[270]块、成[271]粒总不及生得者。但磨指甲上，黄透指甲者为真。

熊胆　《本草》称为上品。本不易得，吉林深山密林中，樵采者时常遇之，猎户捕之，易得也。

腽肭脐　即海狗肾。《纲目》云，出西番，状似狐，而尾长大，脐似麝香，黄赤色。按《临海志》云，出东海水中，状若鹿，头似狗，尾长；而出登莱州，其状非兽非鱼，但前足似兽，而尾似鱼；观此，似狐鹿者，其毛色也；似狗者，足形也；似鱼者，其尾形也。今珲春、三姓地近海边，亦有之。医家以滋补药多用之。

五味子　性温，五味俱备，皮甘肉酸，核中苦辛，都有咸味，《尔雅》谓之茎藸子。少肉，厚者为胜，出吉林者最佳。

细辛　一名少辛。《管子》云，五沃之土，群药生小辛是也。医家以吉省细辛为佳，通行各省。

黄精　处处山谷皆有之，服食上品。以其得坤土之精，久服益寿。吉林山土肥壮，自然甘美，胜他处。《博物志》云，太阳之草，名黄精，食之可以长年；太阴之草，名钩吻，食之立死。黄精，钩吻形植之别，详见《纲目》。

萎蕤　根似黄精小异，茎干强直似竹箭有节，叶狭而长，表白里青，性柔多须。

赤芍　即芍药。根亦有白者。此处所产，尤胜他处。

黄芩　有枯芩、条芩之别，中虚者为[272]枯芩，内实者为[273]条芩。其用自异。此处所产俱备焉[274]，惟深色坚实者良。

柴胡　北产者如前胡而软，入药亦良；南产者不似前胡，如蒿根硬，不堪用。

升麻　其叶似麻，其气上升，故名。《纲目》云，形细而黑，极坚者为佳。今则通取里白外黑而坚[275]者，去须芦用之，俗名为鬼脸升麻，其苗呼为窟窿芽。

紫草　根花俱紫，可以染。紫草山产粗而色紫，入药紫梗。园产细而色鲜，只染物，不入药。

北山查　有大小二种。北者小，肉坚，去核，用亦有力。

益母草《纲目》云，小暑端午，或六月六日，采益母茎叶花实，用治百病尤良。

王牟牛　生于深山密林朽木上。性温，其形长有寸许，细如[276]花茎，色黑肉白。能下乳，不易得。产于绥芬、乌苏里[277]诸山中。刨参人有认识者，采来售卖。此药《本草纲目》所无。

防风　黄润者良。

麝　形如獐，一名香獐。喜食柏，脐血入药，名麝香。出三姓。

通草　有[278]细孔，两头皆通，故云通草，即今所谓木通。

桔梗　此草之根，结实而梗直，故名。根如指，黄白色。春生苗茎，高尺余，叶似杏叶而长，味苦辛者真。

威灵仙　威，言性猛；灵仙，言其功神。生先于众草，方茎，数叶相对，其根稠密多须，年深旁达一根，丛须数百条，长者二尺许，初时黄黑色，干则深黑色，人称铁脚威灵仙。但色或黄或白者，不可用。

火麻仁　即线麻子。

薏苡仁　形如珠，稍长，青白色，味甘。咬粘人齿如糯米，可作粥饭，本地多种之。又《本草》云：一种粘牙者，尖而壳薄，即薏苡也；一种圆而壳厚坚硬者，即菩提子，其米少，可穿作念珠。

马齿苋　叶有大小之别，大叶者，为㹠耳草，不堪用。小叶并比如马齿，而性滑，利似苋，柔茎，布地细细对生者为是。入药须去茎，其茎无效。本地多采苗，煮晒为蔬。

翻白草　高不盈尺，一茎三叶，尖长而厚，有皱纹、锯齿，面青背白，开小黄花。结子，皮赤肉白，如鸡肉，故又名鸡腿。根生食、煮熟皆宜，荒年可以充食。

卷柏　丛生，多出石间。苗似柏叶而细，拳挛如[279]鸡足。青黄色，高三五寸，无花子。宿根紫色，多须。其性耐久，故又名长生不死草。

谷精草　谷田余气多所出，叶似嫩谷，秧[280]白花如碎星，故名。此处尤多。

狼毒　叶似商陆及大黄，茎叶上有毛，根皮黄，肉白，以实重者为良。

旋覆花　多生水旁。长二尺许，细茎，叶似柳，花如菊，大如铜钱，故又名金钱花。

鼠尾花　以穗形命名。野田、平泽中甚多。紫花，茎叶俱可采用，以染皂。

瞿麦　茎纤细有节，高尺余。一茎生细叶，有尖花，开紫赤色者居多，子颇似麦。《尔雅》谓之大菊，俗呼为洛阳花者，即此也。

猪苓　多生枫树下，块色黑如猪屎，皮黑肉白，而实者良。《本草》谓之木之余气所结，亦如松之结伏苓之义。

以上物产、药材，有志内未载，载而未详者，今择其著名贵重者，考查增录，以补志之未详也。

卷　　八

时　　令
风　　俗
贞　　节
杂　　记

时令

吉林太阳出入时刻，大抵春分六日后，视京师出渐早，入渐迟，此昼之所以长于京师也。秋分六日后，视京师出渐迟，入渐早，此昼之所以短于京师也。至一岁节气，视黑龙江时刻较早，视奉天时刻较迟。如道光元年新正二月立春，吉林巳正初刻十四分，黑龙江巳正一刻一分，奉天巳正初刻一分，观此可以验天时矣。吉林通省珲春独暖，地近海隅，日出早见，得阳气之先也。伯都讷半属沙漠，四时多风，春风尤甚，或竟日不息。军民不燃灶火，炉爨为食。三姓最北至寒，其余各城风景相同。珲春之暖不似内地酷热，当风交扇犹然雨汗淋漓也，不过较暖于诸城而已矣。松花江，每岁十月，坚冰可行重车。然虽极寒，向阳处终有冰孔。立春后，冰孔乃全实，故刨参人于正月内，方沿冰用扒犁送米入山。至清明节前后冰泮，但二月清明，则冰解反在节前；三月清明，则冰解反在节后。历验不爽，其理殊不可解。

风俗

吉林

性直朴，习礼让，务农敦本。以国语、骑射为先，兵挽八力，枪有准头，骁勇闻天下。自嘉庆五年，添设满合考试，文风丕振。

乌拉

尚勤俭，明礼让。总管衙门管下人，采捕优长；协领管下人，精于骑射。

宁古塔

尚淳实，耕作之余，尤好射猎。近年汉字事件日增，兢谈文墨。

珲春

旧无丁民，亦无外来民户，皆熟国语，捕打海参、海菜为生，少耕作。春夏秋冬射猎无虚日，尤娴于枪。

伯都讷

风气醇古，人朴厚，好骑射，常于马上掷木棒捕野兔、山猫，百发百中。木棒长一尺，径寸余。

三姓

好直爽，喜骑射，枪技娴习。数年前曾有领协福珠隆阿射虎项骨后第三班点处，一箭倒卧不动。虎项骨后第三班处点，通心窍[281]。

阿勒楚喀

尚耕钓，素称鱼米之乡。习礼让，娴骑射，务本而不逐末。

拉林

淳朴相尚，务农之余，熟娴骑射。

双城堡

习尚勤俭，旗丁熟娴耕作，地利大兴。

贞节

贞女姚氏，吉林正蓝旗满洲闲散德得未婚妻。年二十九，夫死于归，矢志柏舟，誓死靡他，守节终身。乾隆三十九年，旌表。

贞女鄢扎氏，珲春正黄旗三等侍卫讷依松额未婚妻。本名门望族，父吉林协领僧保，兄福建副将博崇武，弟御前侍卫都统珠尔杭阿。识字通文，熟读《纲目》，常与弟兄论及治政，悉获至正之要，宗戚称为女中丈夫。年二十八，夫阵亡金川，剪发痛哭，徒步于归，抚养夫先妻之子多伦保。成立后升协领。长孙富尼雅杭阿升佐领，教以居官清正之道，不事贪墨。多伦保事母至孝，凡家中事无巨细，皆奉母命而行，虽日用常餐，未曾先食。氏偶病，必亲侍汤药，终夜不寝，盛暑衣不解带。贞节格天，得此孝子奉养，乡里称之。守节五十一年。嘉庆三年，旌表。

查城

东三省向例五年星使按临各城，查阅钱粮、仓库，点验军装、器械、马匹，总在冬季往返跋涉，不胜其累。不但驿站疲于奔命，而各城供给竟至一二年不能弥缝其阙。嘉庆二十三年，将军富俊条奏：以各城即有亏空计，值巡阅之年，早为借备齐全，盘查诚为故套，劳兵伤财，于公事无益，请停止。责成三省将军随时稽查，不拘年限，出其不意，钦派盘查，庶得实济。奉旨：向例每届五年，派京卿一员，巡查奉天，由盛京五部侍郎内奏派二员，巡查吉林、黑龙江。因思派员巡阅，原以慎重官守，稽查懈怠。然定例年限则期可预知，即有弊端，不难先期掩饰，于事仍无裨益。嗣后，该三省届期巡查之例，俱着停止奏派。朕酌量应查阅之时[282]，特旨派员前往，以昭核实。钦此。

年班

吉林省副都统年班进京例应二员。如遇将军年班，副都统亦去一员。道光六年，将军富俊条奏：长途往返，耽延时日，署缺之员未免意存五日京兆，于公事无益。奉谕褒嘉，准自本年为始，应值将军年班，副都统即无庸进京。如值副都统年班，亦只须轮替一员进京，无庸二员年班，以重职守。

黑津

黑津名目不一，珲春东南滨临南海一带者，谓之恰喀尔；三姓城东北三千余里，松花江下游齐集以上至乌苏里[283]江东西两岸者，谓之赫哲；齐集以下至东北海岛者，谓之费雅喀。又东南谓之库叶。齐集，地名也。恰喀尔隔年一次至乌苏里[284]、莽牛河、三姓，派员收纳贡皮九十张，颁给赏物。齐集以上者，俱赴三姓城交纳贡皮，领取赏物。齐集以下者，俱在三姓城东北三千里德勒恩地方，三姓派员收纳贡皮，颁给赏物。此三项黑津每年共纳貂皮二千六百余张，所有赏赉妆蟒、绸缎、布匹等物[285]，例由三姓每年派员赴盛京领取[286]分赏。又乌苏里[287]江口、松花江下游[288]私下贸易常于冰冻后，以数狗驾车而来，捷如奔马。性嗜酒，贪小利。奸商能懂黑津话者，交易换货，其利倍蓰。每以辣椒水搀烧酒换去盛瓶，携于狗车，或瓶破而酒冻不洒，喜出望外，犹感奸商之情，其蚩蚩性如此，其余更可知也。

查山

黑津捕打为食，夏衣鱼皮，冬衣犬鹿皮，未尝食粟。山内产参不知刨采。有偷挖人参者，称为黑人，十百成群，驮负粮布窜入其中。呼朋引类，约有千余人。搭盖窝棚，招集黑津丁男[289]，与之衣食，令其认采[290]参枝，安享渔利，据其家室，奸盗邪淫，无恶不作。嘉庆十六年，将军赛冲阿奏：派副都统松箖色尔滚带领官兵，一由宁古塔磨刀石、长岭子，一由三姓、乌苏里[291]江、呢满口，分路入山搜查，焚毁窝棚，拔弃窖粮，将偷挖私参之黑人，穷搜尽逐，赶至距宁古塔二千五百八十五里苏城一带。出山时，适逢大雪，竟[292]至八九尺，黑人无处躲避，雪埋过半，冻毙多人。奸邪之报，其应如响。

领票交参

领票曰揽头，挖参曰刨夫，市称为乌金行，所住曰票房子，领票进山谓把儿头。每票一张，发给腰牌四个，卡伦验明放行，带领十余人为一棚。从前放票千有余张，渐因出参较少，采取愈难，历任将军以次奏减至数百张。放票有定额，放不足数，官有处分。票有出山票、烧锅票、卧票之分。每领出山票一张，例给接济银二百两，秋后交参二两，并原领接济银一并交官，不准塌欠。烧锅票每张亦交参二两，出于烧锅商人每票一张，交京钱五百吊，包给揽头、刨夫代为交参。又有未经放出之票谓之卧票，用余参银两分派揽头，买补卧票，额参交官。每年十月间，将军、副都统督率局员挑拣四等参、五等参装箱，派参局协领[293]、佐领等[294]进贡，谓之头帮[295]参。挑剩余参，准揽头、刨夫挂号变卖。有苏州、山西参商来买者，亦有揽头、刨夫自赴苏州去卖者。将军当堂过秤给票，派员送至山海关，谓之二帮[296]参。无票曰黑参，拿[297]

获照例治罪。吉林向无收取参余名目，因乾隆五十九年，刨夫塌欠亏空库项数十万两，经钦差大学士福康安等审明奏定，余参一两抽收号银，不得过二十两，弥补亏空，谓之参余，相沿至今，遂为定例。除买补卧票、额票之外，盈余银两抵充兵饷。

放票论分数

例载参票，如十分之中，承放官员短放不及一分者，罚俸六个月；一分以上者，罚俸一年；二分以上者，降一级留任；三分以上者，降二级留任；四分以上者，阵三级留任；五分以上者，实降一级调用。若该管大臣不行查催，各城有短放参票三分以上者，将军、副都统等罚俸六个月；四分以上者，罚俸一年；五分以上者，降一级留任。例载，私养参秧，照私刨人参例办理。又例载，一时乌合，各出资本及受雇偷采，或只身潜往得参者，俱按其得参数目，一两以下杖六十，徒一年；一两以上至五两杖七十，徒一年半；十两杖八十，徒二年。为从，及未得参者各减一等。

活剥牛皮

吉林西至威远堡边门，有外来回民，每勾结本处窝窃者，坐地分赃。乌拉城西北一带深密林中，向有窝窃地穴，偷窃牛马，事主找认，须以钱赎。或因缉捕紧急，盗牛不远，将牛束缚，用利刃[298]在牛膝以上挑开，画线以通腹下，即放牛[299]起，以铁钩钩其背，系于树下。牛负痛猛奔，皮豁剥落，贼语谓活脱衣。鲜血淋漓，牛仍奔回，越日始毙，最为可惨。将军富俊二任吉林，购线缉获，毁其贼巢，尽法惩办，盗贼惨窃之风遂息。

查阅高丽

例由京礼部派通官二员，行文吉林、宁古塔，每年轮派佐领、防御、笔帖式各一员；吉林、宁古塔每旗派领催各一名、甲兵各二名；官庄派领催一名，壮丁十五名，每年蜡月初旬，带同通官赴额穆赫索罗[300]会齐，前往到高丽地方会宁城。其城在东山坡。主镇官郊迎至鳌山公馆，设宴款待，极为恭敬。例应进牛一百三十四只[301]，分给吉林、宁古塔协领十员各一只[302]，吉林官庄二十三只[303]，宁古塔官庄二十只[304]，吉林八旗每旗各三只[305]，奉差之佐领四只[306]，防御三只[307]，笔帖式二只[308]，通官二只[309]。每牛一只[310]应赏布七匹，均于得牛名下出给。又三年一次，赴清元地方，会同珲春官员查阅贸易，例应开市五日，通商贸易。以其所有，易其所无。向来驽儿马一匹易牛二只[311]，走马一匹易牛二三至四五只[312]不等，其利倍焉。偶遇天灾倒毙，亦多折本。又高丽清心丸极为灵验，近亦有通官自京带来充售者也。

整饬驿站

邮驿之设，所以通星轺而行文报也。向来吉林驿站滥支滥应，丁疲马瘦，以致将站丁原有地亩典卖殆尽，丁逃逋欠，不一而足，由来已久。历任将军查问[313]，总以积重难返，无从调剂。嘉庆二十三年，将军富俊清查四路驿站，典卖地亩共一万五千余垧。示谕：典卖官产例禁綦严，分别年限，查典卖十年以后即行收回。如未满十年者，自种减租二成，倘有拖欠，逐佃另招。该典买民人赴京控告，星使定谳，奏闻部议，将此项地亩入官纳粮。复经将军富俊条奏，作为八百五十站丁随缺之地，每丁得随缺地十五垧零九亩，以资津贴当差。又伯都讷围场，沿边隙地荒芜可惜，自登依勒库站至五家子站，沿边余荒计有二万垧，给北路站丁，招佃试垦。所得租价，分给三十八站充公。丁力饶裕，驿务日增起色矣。

粥厂

吉林土著民人甚少，而外来者谓之跑腿儿，大抵永平府属暨山东人居多。非挖参为业，即砍木营生。近年人民稠密，五方杂处。内中游手好闲以及老幼废疾者，遇冬不免饥寒，常有冻毙倒卧街衢者。将军富俊查知此情，于城徨庙施设粥厂，劝谕五街各铺商捐资，共襄善举。每年自十一月初一日起，至开年二月十五日止，赈施粥厂，活人无数。

功德院

吉林城内，雍正年间，有寿妇石熊氏，年九十余，家道殷实，好善乐施。无子嗣，将住宅改为功德院。遇冬，贫民老幼废疾无衣食者往功德院依归。晚闲[314]热炕，日饲粥饭，至四月初一日为止。石熊氏寿至百龄。生前将家有良田尽施于功德院，招德行僧经管，永远奉行。迨石熊氏身后，僧与贫民咸感其德，即于功德院殿之西隅，另建一间塑像，奉事香火，相沿至今。遇冬贫民赴同知衙门挂号，送功德院收养。又相传乾隆五十六年四月二十日，城内火灾甚炽，逼近功德院，人力不能扑救，该僧与邻人傍徨失措，忽院内有一老妪，白发萧萧，曳杖迎火而前，顾谓救火人曰："功德济人，天所佑也。"言讫，遂不见。顷刻间，反风火灭，功德院无恙。噫！一妇人之善念，周济贫民，感动人天，虽无子嗣，香火不绝，石熊氏宜乎有灵，死且不朽矣！

木有软硬

每年官处给票，砍运修造船只及八旗官兵盖房、烧柴。承领票头谓之木头老鸦，砍存过冬谓之打冻，乘冰雪拉运及开河至江口谓之赶洋总。由拉法河、蛟河赶至拉发口，登厂穿排，入松花江到城江边。如椳木、柞木、红纽劲子、女儿木、青岗柳等谓之硬木，炼火成炭。至沙松、黄果松、紫椴木、榆木、秋木、杨木皆谓之软木，可作器具、盖房之用，烧无火劲。各随木性，利用咸宜。

采煤

吉林为产木之区，家家柴薪堆积成垛。不但盖房所用梁柱、杦檁、炕沿、窗棂，一切大小木植，即街道围墙，无不悉资板片。近来生齿日繁，庶民云集，产木山场愈伐愈远。将军富俊念及旗民日用柴价昂贵，生计拮据，前后奏请，于营盘沟、荒山子[315]、三[316]道沟、二台及西南山坡等处，开采煤窑，以济旗民炊爨，价廉于柴。

围兽

打牲猎户称为炮手，虎称为老妈子，熊名曰黑瞎子，此村民语也。熊、虎，吉林诸山中皆有之，虎啸风从，熊出争斗，山鸣谷应，凶不可当。炮手潜放冷枪攫取，先毙其虎，熊不知遁，盖虎灵而熊傻也。熊亦入蛰，或钻土穴，或藏空树，称为坐硐[317]。气炎熏蒸，霜雪中一望而知。炮手知其在硐，柴块于硐口[318]，熊掌接入，填塞硐门，旁钻小孔刺毙之，颇不费力。至野猪，大者有六七百斤，齿如象齿，外出而又湾卷，利逾锋刃，护领群豕出山觅食，虎狼不能犯。且周身日衬松油，厚有寸许，名曰挂甲，枪箭不能入。炮手能以枪箭取中其七窍者，始毙。

耙犁

耙犁，用两辕木作底，立插四柱，高三寸许，上穿二横木——或铺板，或搪木。坐人、拉运货物皆可。前辕上弯，穿以绳，套二马服驾，轻捷于车。若驰驿，更换马匹，冰雪之地可以日行三四百里。并有作车棚于耙犁底上，设旁门，套鹿皮围，谓暖耙犁。

操练

道光二年，将军富俊奏：吉林与京城暨各省驻防绿营兵弁，情形皆不相同。吉林兵丁散处各屯，率以务农、打牲为业。惟春秋二季调集省垣，先令本管协领督率各佐领演练步射、骑射、枪阵各技艺，又复专派协领轮看后，乃择日分旗于教场大操，分别奖赏责革。其春季有差使外出者，注册，秋季补操。毋许两季不到。骑射为旗兵长技，弓不劲，不能及远，故挑缺时，则以制准六力官弓为合式，操练时则以八力为上等。又鸟枪尤军中利器。吉林汉军参领所辖八旗为鸟枪营，尤加意训练。官[319]为兵之表率，操练时比较十旗五十六佐领兵丁技艺优长，分别奖责之外，该管协领、佐领等一并分别记功、记过，以示劝惩。每年小雪节后，拣选各城官兵一千名，行围采捕贡鲜，即于[320]比较技勇，分别记注功过。每遇升转缺出，先较技艺；技艺等，再较军功；军功等，再较清汉文字。三者俱优，然后入选。此历年操练之旧规也。惟于常练之外，酌拟操练之处，连日再三，熟商，务农习劳于田间，打牲训练于马上，二者均不可废。惟每年春秋，以仲月望调操，至季月杪罢操。嗣后以仲月朔调操，每季加展半月，俾资肄习。将军、副都统跟班兵丁，向系轮班当差，暇时即令在门前演射，以期造就等因具奏。奉旨："吉林乃我朝根本重地，本处兵丁素称骁健，朕所深知。然必当安不忘危，培养人材为要。我满洲旧俗总在弓箭、鸟枪、马上，此三项允宜并重。而其中又以强壮便捷，挽强有准者为最。断不可沾染时俗[321]，工于式样加势，终无实用也。汝可遵照定章，留心训练，日久不可稍形废弛。勉之，钦此。"

卷　九

古　迹

吉林

大金得胜陀　即额特赫噶珊，金太祖誓师之地。额特赫[322]，胜也；噶珊，乡村也。

得胜陀颂

奉政大夫充翰林修撰、同知制诰兼太常博士、骁骑尉赐绯鱼袋臣赵可奉敕撰。

儒林郎、咸平府清安县令、武骑尉赐绯鱼袋臣孙侯奉敕书丹。

承直郎应奉翰林文字同知制诰兼充国史院编修官、云骑尉赐绯鱼袋臣党怀英奉敕篆额。

得胜陀

太祖武元皇帝誓师之地也。臣谨按实录及睿德神功碑云：太祖率军渡涞流水，命诸路军毕会。太祖先据高阜，国相撒改与众仰望圣质如乔松之高，所乘赭白马亦如冈阜之大。太祖顾视撒改等人马，高大亦悉异常。太祖曰："此殆吉祥[323]，天地协应，吾军胜敌之验也。诸君观此，正当戮力同心，若大事克成，复会于此，当酬而名之。"后以是名赐其地云。时又以禳禬之法行于军中，诸军介召序立，战士光浮万里之程，胜敌刻日，其兆复见焉。大定甲辰，鸾辂东巡，驻跸上都。思武元缔构之难，尽孝孙光昭之道。始也命新神御，以严穆穆之容，既又俾刊贞石，以赞晖晖之业。而孝思不忘念，张闳休而扬伟绩者，盖有加而无已也。明年夏四月，诏以得胜陀事访于相府，谓宜如何？相府订于礼官，礼官以为，昔唐玄宗幸太原，尝有《起义堂颂》，过上党，有《旧宫述圣颂》。今若仿此刻颂建宇，以彰圣迹，于义为允。相府以闻，制曰：可。臣可方以文字待罪禁林，然则颂成功，美形容，臣人职也，敢再拜稽首而献文曰：

辽季失道，腥闻于天。乃眷东顾，实生武元。

皇矣我祖，受天之祜。恭行天罚，布诏圣武。

有卷者阿，望之陂陀。爰整其旅，各称尔戈。

诸道之兵，亦集其下。大巡六师，告以福祸[324]。

明明之令，如霆如雷。桓桓之士，如熊如罴。

先是太祖，首登高阜。灵祝自天，事骇观睹。

人仰圣质，凛如乔松。其所乘马，冈阜穹崇[325]。

帝视左右，人马亦异。曰此美征，胜敌之兆。

诸君勉之，往无不利。师胜而还，当名此地。

神道设教，易经著辞。厌胜之法，自古有之。

我军如云，戈甲相属。神火焰焰，光浮万丈。

天有显道，厥类唯钦[326]。国家将兴，必有祯祥。

周武戎衣，火流王屋。汉高奋剑，素灵夜哭[327]。

受命之符，孰云非真。出彼宗元，遂诬尚明。

得胜之祥，如日杲杲。至今遗老，畴佛神道。

□□□□，□□□□。圣金天子，□□□□。

武元神孙，化彼朔南。德牟羲轩，眷言旧邦。

六飞戾止，六飞戾止。江山良是，念我烈祖。

开创之堇，风栉雨沭。用集大勋，□□□□。

□□□□，圣容既新。□□□□，圣功既寓。

永克厥志，以为未也。唯此得胜，□□□□我祖所名。

诏以其事，戴诸颂声。文王有声，遹骏有声。

润□色□，祖业□□。惟时□□，圣明□□。

帝王之符，千载治孝。配姬与刘，诏于万世。

大定二十五年七月二十八日立石　石背面：

金太祖攻黄龙府，次混同江，无舟以渡。金主使一骑前导，乘赭白马径涉。曰："视吾鞭所指而行。"诸军随之以济，遂克黄龙府。后使人视其渡处，深不可测。故老相传，渡处即今五家子站门前松花江，未足凭信。五年春，将军富俊奏准，伯都讷闲荒招佃认垦取租，勘丈至五家子站北荒，见此得胜陀碑，始知故老遗传有所本矣。

坎卦图石乾隆五十六年，理事厅幕友王姓，自言识地理，在北门外玄[328]天岭上，建坎卦石，镇压火灾。嘉庆十一年，城内又被回禄延烧旗民房屋八千余间[十三]，镇压无验。千载而下，见此图石不知何所取意，惑人不浅。

芍药池在吉林西南四百余里，有芍药一本，春暮花开烂漫。相传乃国初时，旧值[329]花池。甃砖依稀可辨。

显德府在吉林城东南。《新唐书·渤海传》：上京南为中京，曰显德府，领卢、显、铁、汤、荣、兴六州。《地理志》：自鸭绿江口，舟行百余里，乃小舫；溯流二百里至神州，又陆行四百里至显州，天宝中王所都。按：显州即显德府，唐先天二年，赐名呼尔罕州是也。《辽史》谓，即平壤城。又以辽所置东京之显州为本显德府地。皆误。

长岭府在吉林城西南。《新唐书》：长岭营州道，又渤海长岭府，领瑕、河二州。《辽史·地理志》：东京长岭府。《辽史·本纪》：太祖天显元年，遣康默记、韩延徽攻长岭府，八月下长岭府。按：长岭府，《辽志》不详沿革，或仍渤海之旧。长岭亦作长领，古字相通。今吉林西南五百里有长岭子，国语谓之果勒敏珠敦。南接纳噜窝集，北接[330]勒讷窝集。自长白山南一岭环绕至此，为众水分流之地。东北流为雅吉善、辉发等河，入混同江。西北流为英莪、哈达、叶赫、黑尔苏等河。长岭府之名当取诸此。锦州、复州虽亦有长岭，皆不如此之最著，则渤海长岭府地为吉林长岭子无疑。

鸡林州《旧唐书》：龙朔三年，诏以其国为鸡林州都督府，授其王金法敏为都督。《新唐书》：王居京城环八里。龙朔元年[331]，以其国为鸡林州大都督府。咸亨五年，王金法敏略百济地守之。上元二年，刘仁轨破其众于七重城，以靺鞨兵浮海略南境。

吉林乌拉国语也。从汉语称吉林已讹。今以汉语鸡林州作证，以讹传讹矣[332]。

宁江州在吉林城北，混同江东岸。《辽史·地理志》：宁江州混同军，清宁中置，统县一，混同县。金废。《金史·本纪》：太祖进军宁江州，十月朔，克其城，次来流城。来流，即今拉林河。《大金国志》：太祖十三年起兵，攻混同之东宁江州，辽高仙寿败，失宁江州；辽再遣萧嗣先屯珠赫店，临白江，与宁江州女真兵对垒；女真潜渡混同江，掩击之，嗣先兵溃。《松漠纪闻》：宁江州去冷山百七十里，地苦寒，每春冰泮，辽主必至其地为乐。金祖起兵首破此州。按：辽、金二史，金太祖起兵先攻宁江州，辽守将萧乌纳战败弃城，渡混同江而西，是州在江以东矣！高士奇《扈从录》云：大乌拉去船厂八十余里，即辽之宁江州也。

河州在吉林境。《辽史·地理志》：河州，德化军。置军器坊。按明人地志云，废河州在黄龙府北，辽置河州，有军器坊。又引《一统志》：开元东北五百里，有温登河，源出坊州北山，北流入松花江。所谓坊州疑即河州矣。考辽金无坊州，第因河州有军器坊，而遂以坊州属之，亦恐未足为凭也。又按：黄龙为开原境，则河州在吉林境内无疑。特旧址今无考。

宁古塔

金上京宫殿《大金国志》：国初，城郭散居，呼曰皇帝寨、国相寨、太子庄。后升曰会宁府，建为上京，其辽之上京改作北京。城邑、宫室无异中原，州县廨宇制度草创。又云，皇统六年春三月，上以上京会宁旧内太狭，役五路工匠撤而新之，规模悉仿汴京。

嘉荫侯庙金大定中，册上京诸林为嘉荫侯，立庙。后废。今其地大木丛[333]然。

皇武殿金世宗打球、校射之所。《金史·本纪》：大定二十五年，上在会宁府谓群臣曰，上京风物，朕自乐之；祖宗旧邦，不忍舍去。后数日，宴宗室于皇殿，曰，朕寻常不饮酒，今日正欲沉醉，此乐不易得也。宗室故老以次起舞，进酒。上曰，吾来数月，未有一人歌本曲者，为汝等歌之，命宗室弟子皆坐殿上，听朕自歌其辞。群臣、宗戚皆称万岁。

八角井在旧宫东北，石甃八角井栏犹存。常有光自井出，掘之得铁砧二枚、古镜二圆。雍正四年，井中淘得银牌一面，镌人姓名、功绩。

欧孝子里在宁古塔城东。旧志明监生欧某家有妖狐为患。有善治者熏死数狐，老狐益引党类作祟，已魅杀臧获十余人。后声言，将杀欧某之母，屡至危殆，欧某割股以进，俄闻狐语曰，此人割股孝亲，天已增其母寿十年矣。遂去不复为患。后十年，母以寿终。

渤海上京在宁古塔城西南。《新唐书》：渤海，本粟末靺鞨附高丽者，姓大氏。高丽灭，率众保挹娄之东牟山。万岁通天中，契丹尽忠反，[十四]有舍利齐齐克仲象者，度辽水[十五]，保大白山之东北，阻鄂抡河自固。武后封为镇国公。其子祚荣建国，自号震国王，地方五千里，尽得扶余、沃沮、弁韩、朝鲜海北诸国。先天中，为渤海郡王，以所统为呼尔罕州，自是始去靺鞨号，专称渤海。子武义，直大图宇，私改年号[334]。天宝末，官[335]上京，直旧国三百里呼尔罕海之东。建五京、十五府、六十二州，此为肃慎故地，曰上京龙泉府。贾耽曰：自安东都护府东北，经古盖弁新城，又经渤海王城，城临呼尔罕海。其西南三十里有古肃慎城，其北经德里镇，至南黑水靺鞨千里。又曰：自神州陆行四百里至显州，又正北如东六百里至渤海王城。按旧志谓渤海上京在乌拉境内，今以《唐书》考之，当在宁古塔西南境，与金上京相近。《明一统志》云“金灭辽，设都于渤海上京”是也。

会宁府在宁古塔城西南。《金史·地理志》：上京路，即海古勒之地，金之旧土也。国初称为内地。天眷元年号上京。海陵贞元元年迁都于燕，削上京之号，止称会宁府。大定十三年复为上京会宁府。府一，领节镇四，防御一，县六，镇一。旧有会平州，天会二年筑，契丹之珠敦城也。后废。又《金史》：“会宁府，初为会宁州，太宗以建都，升为府。天眷元年，置上京留守，带本府尹，兼本路兵马都总管。后置上京海兰等路提刑司。户三万一千二百七十。东至瑚尔哈六百三十里，西至肇州五百五十里，北至夫[336]余路七百里，东南至率宾路一千六百里，南至海兰路一千八百里。县三。《松漠纪闻》：自上京至燕二千七百五十里。三十里至会宁头铺，四十里至第二铺，三十五里至阿萨尔铺，四十里至拉林河，四十里至巴达贝勒铺，七十里至宾州，渡混同江。《北盟会编》：出榆关以东，第三十八程至拉林河，终日之内，山无寸木，地不产泉。又五里至矩古贝勒寨，尽女真人。第三十九程至馆，去上京尚十里许。”亢宗《奉使行程录》：“过混同江四十里，宿呼勒希寨。第三十六程自呼勒希寨东行五里，契丹南女真旧界也。八十里至拉林河，行终日无寸木，地不产泉，人携水以行。渡河五里至矩古贝勒寨。第三十七程，自矩古贝勒寨七十里至达河寨。第三十八程，自布达寨行二十里至乌舍郎君宅，又三十里至馆。此去北庭尚十里。”高士奇《扈从录》：“沙林东南十五里曰火茸城，金之上京会宁府也。广四十余里，中间禁城可里余，三殿基址皆在，碎碧瓦棋布其上。禁城外有大石佛，高可三丈许，莲花承之。前有石塔。向东小欹出大城而西，则芰荷弥渚，逶迤绵渺，莫穷其际，渚间有亭榭遗迹。自沙林而东八十里为宁古塔。”按《金史》原文云：“国言‘金’曰‘按出虎’，以按出勒[337]水源于此，故曰金源，建国之号盖取诸此。”考国语金曰爱新。《金史》旧解，以金为按春，国语耳坠也。耳坠以金为之，因误为金，并按出虎亦误为金。吉林境内无爱新水，亦无按春水，考之当为阿勒楚喀河。盖据《松漠纪闻》《北盟会编》及《大金国志》诸书，金上京行程，过拉林河一程即至上京驿，东至阿勒楚喀不过百余里。阿勒楚喀河源在吉林城北，拉林河源在吉林城东北，而金上京官阙在混同江二百六十里，去拉林河一百七十五里，核之[338]即阿勒楚喀之明证也。且《金太祖实录》云：“契丹以镔铁为国号，镔铁虽坚，终有消壤[339]，惟金一色最为真宝，自今本国可号大金。”亦并未云有[340]金水源也。又按旧志云：宁古塔西南六十里瑚尔哈河之南，有古大城，周三十里，四面，七门。内城周五里，东西各一门，内有宫殿旧址，即会宁府之遗迹也。今按之《松漠纪闻》《北盟会编》《奉使行程录》所载里数俱同。可见金上京之地总在今宁古塔之西，混同江之东，其去混同江二百六十里，以今道里按[341]之，当在塞齐窝集左右。塞齐窝集岭上有故城址，相传为金时关门。盖自船厂东十里，过混同江至尼什哈站三十里至交密峰，四十里至额赫穆站，十里至纳穆窝集，三十里至山神庙，五十里至拉发站，七十里至推屯站，三里至塞齐窝集，又东三百九十里至宁古塔。塞齐窝集在吉林城外，混同江东二百四十余里；而拉林河源之拉林山，在城东北二百四十五里；阿勒楚喀河源之扎松阿山，在城东北三百里，俱属相近。本朝康熙十六年，宁古塔将军萨布素，以绳量道里，两度为丈，百八十丈为里。自宁古塔西关门量至吉林东关门，凡九万八千丈，为五百五十里。后分八站，作六百三十里。虽古今里数未必尽同，然正约略可见耳。又按瑚尔哈路为宁古塔地，今自吉林至宁古塔城，凡程站里数亦约略相同，正无可疑也。

废瑚尔哈路在宁古塔城东，渤海上京地。《金史·地理志》：瑚尔哈路，初置万户。海陵改置节度使。承安三年，置节度副使。西至上京六百三十里，北至边界哈喇巴图千户一千五百里。又金太宗天会六年，徙昏德公、重昏侯于韩州。八年，徙瑚尔哈路。《元史·地理志》：瑚尔哈，距上都四千二百里，大都三千八百里，有瑚尔哈江并混同江，又有海兰河流入于海。

曲江故县旧志在故会宁城东北。《金史·地理志》：大定七年，置镇东县，属会宁府。十三年，改曰曲江。又有宜春县，亦大定七年置，属会宁府。元初，与府俱废。[342]按：曲江初名镇东，以在会宁之东也，以其当水曲之地，故名曲江。今宁古塔城正当瑚尔哈河湾曲处，疑即曲江县也。

白都讷

肇州在白都讷城南。《金史·地理志》：肇州防御使，旧名珠赫店。天会八年，以太祖兵胜辽，肇基王迹于此，遂建为州。《金史·本纪》：辽都统萧嘉哩、副都统托卜嘉将步骑十万，会于鸭子河北。太祖自将击之，黎明及河，辽兵方坏陵道，选壮士十辈击之，大军继进，遂登岸，与敌遇于珠赫店。会大风起，尘埃蔽日，乘风击之，辽兵溃，逐至沃楞泺，杀获不可胜计。辽人尝言女真兵若满万，则不可敌，至是始满万云。今白都讷城东南，阿勒楚喀河西岸，古城周二十里，内子城周四里，南距吉林城三百四十里，东去会宁城六百里，与《金史》道里相合，疑即肇州遗址。又按《北盟会编》：辽天庆四年，金太祖会集诸部，全装军二千余骑，首破混同江之宁江州，大败渤海之众，获甲马三千。又败萧嗣先于珠赫店及拉林河、黄龙府、咸州、好草峪，四路都统诛斩不可胜计。据此，则肇州在拉林河之东，吉林之北，益明矣。

长春州其旧址应在今白都讷地及杜尔伯特、扎赖特阶州之北境。《辽史·地理志》：长春州，韶阳军。本鸭子河春猎之地。兴宗重熙八年置。统县一：长春县。本混同江地，户二千。《金史·地理志》：泰州，昌德军。本契丹二十部族牧地。大定二十五年罢，承安二年复置于长春县。北至边四百里，南至懿州八百里，东至肇州三百五十里。户三千五百四。县一，曰长春，即辽长春州。天德二年降为县，隶肇州，承安三年来属。《大金国志》：太祖十四年，辽天祚帝率蕃汉兵十余万，出长春路，分五部北出骆驼口。太祖乘其未阵，三面击之，天祚大败，退保长春，太祖乘胜遂平渤海、辽阳等五十四州。

三姓

五国部在宁古塔城东北，亦曰五国头城。《辽史·营卫部族志》：“五国部，博和哩国、博诺国、鄂罗木国、伊埒图国、伊勒布国。”《元一统志》云：混同江发源在长白山北，流经渤海建州西五十里，会诸水，东北流上京，下达五国头城北，又东北注于海。《明一统志》：“五国头城，在万里卫北一千里，自此而东分为五国。旧传宋徽宗葬于此。高士奇《扈从录》：自宁古塔东行六百里，曰章图哩噶善。松花、黑龙二江合流于此。有大土城，或云五国城。按：五国城之说不一，或谓宁古塔东，松花、黑龙二江合流之处，有土城焉，或以为在朝鲜北境，近宁古塔，有故城在山上；或以为去燕京三千八百里，西至黄龙府二千一百里；或谓宁古塔相近抢头街有旧城址五,疑即是也。据《金太宗·本纪》云,天会六年,徙昏德公、重昏侯于韩州;八年,再徙瑚尔哈路,则实在宁古塔地。《宋史》称韩州五国城,误合为一地,第诸书皆约略之辞,未有实据,今三姓地方有五国城遗址。读《宋史》,徽、钦二宗初移韩州,后移冷山,遍考不知何地。元年,将军富俊奉命,赴边外昌图厅八面城,查办地亩控案,得一土埋铜镜,周刻篆字三十一〔十六〕,背面楷书铸"韩州刺史"四字。八面城为金之韩州已有确据矣。金太祖克宁江州,次来流即拉林河。《松漠纪闻》:宁江州去冷山百七十里,地苦寒。以拉林上下河口度之,冷山去阿勒楚喀不远,五国城似在阿勒楚喀界。金太宗天会六年,徙昏德公、重昏侯于韩州;八年,徙瑚尔哈路,五国城似在宁古塔界。高士奇《扈从录》云:大乌拉去船厂八十余里。即辽之宁江州,五国城似又在吉林界。自萨英额高祖由京升吉林正黄旗佐领至今,五世为吉林人,留心考查,无此城基。常见阿勒楚喀、三姓各官访问,皆云阿勒楚喀并未闻有五国城遗址及冷山之名。阿勒楚喀时令寒暖,与吉林相同,惟三姓城东北一千余里,松花江南岸有五城遗址,地极寒冷,不种五谷,北岸有一大山,疑即《松漠纪闻》所言冷山也。又《元一统志》:"混同江东北流上京,下达五国城头,东注于海。"按:松花江发源于长白山,北至吉林折而东,北出法特哈边门至伯都讷,又东北至三姓,北受黑龙江东入于海。五国城近临松花江,非宁古塔界可知矣。高士奇《扈从录》:松花、黑龙二江合流之处为五国城,与《元一统志》所称之地无异。考论古今,五国城在三姓无疑。《松漠纪闻》士奇录里数、地名传闻互异,似不足为证。姑论此,以俟后之博览君子。

阿勒楚喀

云锦亭又有临漪亭，并金世宗建，为笼鹰之所。《金史·地理志》：在阿勒楚喀水侧。

宾州在阿勒楚喀境，本渤海城。《辽史·地理志》："宾州，怀化军，节度。本渤海城。统和十七年，迁乌舍户，置刺史于鸭子、混同二水之间，后升。兵事隶黄龙府都部署司。"《金史·本纪》："太祖十三年，命布呼等攻拔宾州，乌舍楚古尔苏来降，辽将彻格尔战于宾州，布呼败之，铁骊王以所部降。"《松漠纪闻》："翁舍展国最小，不知其始所居，后为契丹徙置。黄龙府南百余里曰宾州，州近混同江，即古之粟末河。部落杂处，以其族之长为千户，统之。又契丹自宾州混同江北八十里，建塞守御女真。"《契丹国志》："宋政和五年，金太祖攻辽，破宾州。"《元一统志》："上京故县，古肃慎氏地，渤海大氏改为上京。金既灭辽，即上京建邦设都，后改会宁府。京之南曰建州，京之西曰宾州，又西曰黄龙府。又废祥州，在宾州西南。辽祥州，瑞圣军。统怀德县，属黄龙府。"《辽史·地理志》："祥州，瑞圣军，节度。兴宗以铁骊户置，兵事隶黄龙府都部署司。统县一：怀德县。《金史》：太祖十三年，乌达布复败彻格尔肃伊苏于祥州，东斡珲等两路降。又废威州在宾州南，辽置，亦曰武宁军，属黄龙府。"《契丹国志》："宋政和五年，金太祖攻辽，取祥、威二州，进薄益州。"按：鸭绿江一名益州江，则益州实与鸭绿江近，当在长白山西南，乃《辽史》"不言，仍渤海之旧，今故址无考。"

珲春

东海窝集部在珲春城东南，凡沿海林木丛茂处，皆为窝集。明时有瑚叶、绥芬、雅兰、西林、赫锡赫、鄂摩和索罗、佛讷赫、那木都鲁、乌勒固、宸穆稜、扎库塔东、额赫库楞诸部。我太祖于丁未岁至甲寅岁，俱克取其部，抚降之。

卷　十

双　城　堡
伯都讷屯田

双城堡

嘉庆十七年四月初二日，奉旨：八旗生齿日繁，京城各佐领下户口日增，生计拮据。虽经添设养育兵额，而养赡仍未能周普。朕宵旰筹思，无时或释。前日举行大阅典礼，各旗营队伍整齐，在南苑先期训练，祗遵约束。朕嘉旗人服习教令，更念养先于教，为之谋衣食者，益不可不周。国家经费有常，旧设甲额现已无可复增，各旗闲散人等，为额缺所限，不获挑食名粮，其中年轻可造之材，或闲居坐废，甚或血气方刚，游荡滋事，尤为可惜。因思东三省原系国家根本之地，而吉林土膏沃衍，地广人稀。闻近来柳条边外采参山场，日渐移远。其间空旷之地，不下千有余里，悉属膏腴之壤，内地流民并有私勤耕植者。从前乾隆年间，我皇考高宗纯皇帝，轸念八旗人众，分拨拉林地方，给予田亩，俾资垦种，迄今该旗人等甚享其利。今若仰循成宪，斟酌办理，将在京闲散旗人，陆续资送前往吉林，以闲旷地亩拨给管业，或自行耕种，或招佃取租，均足以资养赡。将来地利日兴，家计日裕，旗人等在彼尽可练习骑射，其材艺优娴者，仍可补挑京中差使，于教养之道实为两得。着传谕赛冲阿、松宁即查明吉林地方，自柳条边外至采参山场，其间道里共有若干，可将参场界址，移近若干里。自此以外，所有闲旷之地，悉数开垦。计可分赡旗人若干户，相度地势如何，酌盖土锉草房，俾借栖止。其应用牛具、籽种每户约需若干，再，该处现有闲散官员是否足资统束，抑或须增设佐领、骁骑校之处，一并详细妥议章程，并绘图贴说具奏，候朕酌度。等因，钦此。将军赛冲阿、松林[343]勘得拉林东北闲荒可垦五千余垧，东南夹信沟可垦二千余垧[十七]，近年其[344]收成不丰，请俟三五年后从容筹办等因，具奏。奉旨：该处收成不丰，此时原不能即将旗人移驻，其一切垦荒计亩章程，则须预为筹办，不必推延时日。着即检查旧案，详细酌核，先行筹议具奏。钦此。将军赛冲阿未及查办，奉旨调任。将军富俊委[345]任后，检查旧案，悉心妥议，移驻京旗苏拉，通盘核算。先于吉林所属无业闲散人内，令各旗共拣丁一千名，出结保送，作为屯丁。每丁由备用项下给银二十五两，官为置买牛具，自行搭盖窝棚。由阿勒楚喀公仓内赏给籽种谷二石，每年给补倒毙牛价银一千三百三十六两。于前勘定拉林东南夹信沟地方，每丁拨给荒地三十垧，垦种二十垧，留荒十垧。试种三年后，自第四年起，每垧交谷粮一石贮仓。移住京旗苏拉时，分给京旗熟地十五垧，荒地五垧。所余熟地五垧、荒五垧即给原垦之屯丁作为恒产，免其交粮，亦不补给倒毙牛价。将来移驻京旗到时，得种熟地，与本处旗丁犬牙相错，易于学耕伙种。所有屯田章程并屯丁用款，缮单呈览。奉旨：所议试垦，按年征租及派拨官兵约束一切章程，着照所议办理。钦此。遵即札饬各员置办一切农器，将军富俊带同委员，前往详查。原勘夹信沟之荒地，虽沃衍，大势洼下，询系前勘时，秋深草茂，未能辨别，试垦创始，必须详慎。随往阿勒楚喀、拉林西北八十里之双城子一带，东西约有一百三十余里，南北约有七十里，地土平坦，洵属沃衍。可备移驻京旗闲散二三千户之用，即在适中之地驻扎。派令各员周围履丈分拨，通计四丁四牛之数，核算成屯，每旗设立五屯：镶黄、正黄二旗，每旗住屯丁一百二十八户，计住二十四户者三屯，住二十八户者二屯。其正白、正红、镶白、镶蓝、正红、镶蓝六旗住二十四户者四屯，住二十八户者一屯，共屯丁一千名。每户房基东西宽二十丈，南北长二十丈，屯丁宽用九丈，留十一丈，以备将来移住京旗盖房之用。每屯房分三路：街一道，宽五丈；巷一条，宽三丈。除房基、街巷外，每屯丁核给荒三十大垧，按屯附近分拨八旗四十屯，适中界[346]内建盖公所及协领、左右翼官兵住房，仍在公所附近留建仓地基，计共用见方三十四丈。相度水道，刨挖井眼，并派员前往边外采买耕牛，本年备齐，分给屯丁，先为运木割草，搭盖窝棚。即以双城子名为双城堡，咨报礼部，铸给委协领关防、左右两翼委佐领钤记。二十一年春，委协领等督催开垦。是年，双城堡一带，于七月十四、五日连降大霜。将军富俊亲诣查勘，收成止有四分，实系成灾，所得谷粮尽敷当年糊口，次年春尚须接济。奏：恳将二十四年起征之粮缓一年，在于阿勒楚喀仓贮谷内借给口粮、籽种二千石，责令秋收照数还仓，以资接济。原议四人一具窝棚，一间四人同住，不能接取家眷。应每人各给一间。屯丁千名，除前已给二百五十间，仍须添盖七百五十间。每间银四两，共用银三千两，即于库贮备用银内动支。仍以计种十年，粜谷价银归款。奏蒙允准，即咨行阿勒楚喀副都统衙门，并札饬双城堡委协领遵照领取盖房银两，派员带同屯丁，赴拉林东山砍伐木植，春融搭盖窝棚，屯丁各便于栖止。并令于耕作之前赴阿勒楚喀，接取接济口粮、籽种。将军富俊于二十二年二月，奉旨调任盛京。奏：八旗数十万众，聚积京师，不农不贾，皆束手待养，于官势所不能。再四筹划，唯有移住屯田，因天地自然之利，使自耕种为养，方资久远之计。因查双城堡尚有荒地二分未垦，拟于盛京、吉林八旗无论满洲、蒙古、汉军[347]旗人内，挑丁二千名，置买牛条器具，刨挖井眼，搭盖窝棚。于二十五年春正，前往垦种，名为双城堡左屯、右屯。将前垦处所名为中屯。其一丁一牛，竭力耕作，一年止能种地十垧。必须丁力稍裕，加雇牛条、长工，方能开足二十垧。中屯所垦之地，请于二十五年先征十垧粮石，其余十垧，再缓二年，至二十七年升科，以裕丁力。新垦之地，二十八年升科，先征十垧粮石，其余十垧请于三十年一律升科。除建盖官兵房间外，其余一切，均照初次设立章程，划一办理。共屯丁二千名，每丁搭盖窝棚一间，应用牛只器具等物，合银三十两，共需银六万两。屯田官兵住房、办事公所共计房三百二十间，应需银一万一千二百两。每年支给补买倒毙牛价银二千六百七十二两，外发给一年籽种仓谷四千石。以上统计需银七万三千八百七十二两，即在吉林库存备用银内动支。若俟粜谷之价，归款需时较久，请在吉林及奉省参余项下先行，陆续归款。至移驻京旗，不必尽待粜谷价银办理。二十八年起，每年移驻二百户为一起。每户用盖房银一百二十两，由京起程，赏给治装盘费银三十两，双城堡置买牛粮器具银五十两，每起共用银四万两。除治装盘费银六千两，其余银三万四千两暂由吉林备用银内动支，由双城堡粜谷价银，吉林、奉省参余银内归款。每户给车一辆，由顺天府雇送至奉省，照数备办。转送至双城堡，车价均照例报销。计十五年即能陆续移住三千户。该苏拉等各得田产，安居乐业，内可分八旗户口之繁，外可联边城巩固之势。拟给官兵心红随缺荒地数目，及每户应给房地、牛条、器具，分别开单呈览。奉旨：着交松筠详查，妥议具奏。俟定议后，再行会同富俊办理。将军松筠议奏：每丁添给砍木、衣履、搬家迁费、车辆，并按年给予种地接济银两。奉旨：富俊现已调任吉林将军，着将松筠所议章程，再交富俊覆加核拟。松筠所定银数是否丰俭合宜,屯丁得此是否可养赡家口,尽心开垦,务期国帑可以按限归补,不致多糜。而于旗民生计,亦实有裨益,方为经久良策。将军富俊遵旨,细心详核将军松筠所议添给砍木盘费、衣履并迁费银两。前未筹及,似应增添。奉天、金州、复州等处,至吉林双城堡将及二千里,穷丁自力前往,诚有不逮,每丁拟给迁费银八两。其吉林各处至双城堡,不过二三百里,亦拟给银八两,未免远近漫无区别。吉林屯丁,每名应给银四两。又请添给每丁车一辆。查庄农人家多系一车二牛服驾,一具四牛,前已给车两辆,足敷使用,似可无庸[348]再行添给。至升科既请照旱地第六年征租,该屯丁等已有花利,不必按年给予种地开荒接济银两,以重币项而昭核实。以上每丁合计需银四十七两零四分五厘,其奉省拨派官四员远赴双城堡,每员请给迁费银十二两,领催兵四十名,每名迁费银八两。吉林拨派官四员,领催兵四十名,应照奉省减半给予。前设中屯屯丁现多未携眷,请给迁费银四两,其余无庸增减。建盖新添二分屯田兵住房、办事公所,共三百二十间,应需银一万一千二百两。买补屯田两分倒毙牛价,预买之年二千头内即间有倒毙,请于开垦之年支给。以十年合计需银二万六千七百二十两,连前开中屯荒地屯丁迁费一分,共需银四万六千三百六十两。统共三分荒地以十年合计,共需银十七万八千九百二十六两。三分荒地自升科征租年起算,每年得谷六万石,每石照奏定原价减银一钱,以四钱为准出粜,计至十年可得谷价银二十四万两,较前动支数目有盈无绌。至现动银两帑项攸关,不可久悬,请于吉林参余项下,按年抽收,先行归补。计十年所得谷价另存备用。至开垦征租年分,委协领、佐领等改补实任。裁拨两省官兵,增给盐菜心红砍木盖房等事,均请照松筠所拟及富俊前议章程办理。应用各款银数,缮单呈览。奉朱批:户部议奏。经户部议准，具奏。奉旨依议。钦此。于二十四年二月十六日接到，即派员先赴双城堡分丈左右二屯地基，并咨盛京将军，将应拨派双城堡左右二屯闲散千名，并弹压佐领二员，骁骑校二员，领催、甲兵四十名内，均照奏定章程，先酌派佐领、骁骑校各一员，领催二名，甲兵十五名，带领闲散五百名，于四月内由奉省起程，五月初一日以内至双城堡。饬令搭盖窝棚，安置栖止，以备次年垦种。其应得迁费银两，咨行盛京户部就近在该处发给，并咨礼部铸给双城堡改为实任协领关防，中左右三屯六翼佐领图记。开写官兵住房、办事公所房间式样，派员发给银两购料，赶紧修盖，以备官兵到时栖止。又发交理事同知银两，照奏定款单置买一切器具，验妥运交双城堡协领、佐领等查收，以便屯丁到屯发给。派员前往黑龙江采买耕牛两千只[349]，限于九月内赶赴双城堡收养，以备次年春融耕垦。将军富俊遂于九月间，携印亲诣查勘、督催、查验盖完官兵房间、屯丁窝棚，收买牛只分给各丁，并发给每丁棉衣、棉裤，宣诵皇恩深渥，俾众丁咸知勤勉力田。查有原任署承德县、宁海县知县窦心传，山西人，年五十二岁，系嘉庆辛酉科进士，由庶吉士散馆改用知县，选授江西新淦县知县，调繁丰城县，丁忧起服，拣发奉省题补宁海县知县，奏署承德县。二十三年，皇差承修道段泥泞，被参革职。该员有才有守，请照直隶废员办理营田之例。令窦心传赴吉林双城堡劝课屯丁，三年期满，照例送部引见，于二十四年八月初一日具奏。奉旨：准其照直隶营田之例，以已革知县窦心传，饬赴吉林劝课屯丁三年，著有成效，奏明送部引见。等因，钦此。遵即调取窦心传到吉委令劝课屯丁，筹议一切屯务。于二十五年春融，新立左右二屯，所拨盛京、吉林旗丁二千名，均已到屯。派员前往，同该翼佐领等，按名分交地，一段三十垧。并令于开垦时计地两段，横直俱留六尺，荒隔一条，以备开齐地亩，秋收拉运禾稼。毋得任其连段开垦，日后致起争竞。绘图札令该管协领、佐领等，分交各丁遵照。随据双城堡协领等呈报，惟宁古塔拨来闲散，往往潜逃。询因宁古塔地方，山深林密，该闲散等多借打猎为生，彼处地亦肥美，不愿轻离乡土，亦系实情，随将古宁塔闲散全数撤回。咨明盛京将军，于奉省愿来屯种闲散内，多挑二百名送屯。将军富俊巡查各城完竣，由拉林赴双城堡，按旗查堪。该旗丁等比屋环居，安土乐业，合具者多系一族，同屯者半属姻亲，犬牙错壤，鳞次分疆，颇有井田遗风。男耕妇馌，俱极勤劳，将军富俊酌加奖犒。回环周历，千数百里，分拨地段，绘图呈览。奉朱批：满洲故里，佃佃宅宅，洵善事也。钦此。又查前议未备筹议奏准，三屯屯丁三千户，眷口繁庶，在参余项下动用银一千八百两，每屯增添井一眼，以裕食用。协领处添设无品级笔帖式二员，委官二员，三屯佐领每处添设无品级笔帖式各一员，委官各一员，以资办公。差委由领催甲兵内挑补，仍食本身钱粮。笔帖式照例支给米石，管理一旗五屯。总屯达赏戴金顶，以资弹压。每人月给工食一两，遇闰加增，亦于参余项下动支报销。协领处准其支领银三百两，存贮公所，以备兵丁遇有婚丧事件，照例就近给领。仍令随时呈报查核，年终造送册结汇题，以杜挪用侵蚀之弊。每年除去用项，仍补足三百两之数。奏奉谕旨：富俊于开垦屯田一事，锐意办理，著有成效，部议给予纪录两[350]次，尚不足以示优奖，着赏加一级。钦此。

将军富俊屡饬双城堡协领、佐领，督催开荒种熟，原任知县窦心传挨屯确查劝课。左右二屯，新拨屯丁均各安静乐业，惟中屯屯丁内，间有未搬移家眷及携带农器脱逃者。查明无眷者，催令该旗派兵送屯，俾令完聚。脱逃者，令该旗挑补有眷旗丁送屯。嘉庆十九年，初奏，设立诸多从简，每丁合银二十五两，四丁窝棚一间。复奏，蒙恩赏给每丁窝棚一间，迁费银四两。器具内如缸、锅、锹、镢等项，均需四人一分，现各接取眷属，势不敷用。连年丰收，粜卖谷贱，无力添补。查有归补屯田项下参余银二万四千余两，请以二万两分交殷实铺商，每月一分生息，酌量添补中屯屯丁器具，五年归还原款。每年用项取具双城堡协领、佐领等，册结印领，送部核销，以归核实。具奏。奉旨：依议。钦此。账[351]查参余银除动用外，剩银不足二万两，于二十五年八月二十日，分交殷实铺商银一万五千两，于次年二月二十日，续行分文交殷实铺商银五千两，共银二万两。每月一分生息，所得利银酌添中屯屯丁农器之处，咨报户部。人少不能多种，牛少不能多开地亩。三屯屯丁虽皆携带家眷，弟男子侄在屯帮作，均无力添买牛只[352]，仍不能多开地亩。筹议于节省备存银内，动用银一千一百三十七两六钱，咨令伯都讷副都统派员采买乳牛二百四十只[353]，分给三屯种地多有帮丁之屯丁喂使，俾资利耕，以裕孳生小牛酌赏种地多之屯丁。中屯于嘉庆二十一年设立，除因霜灾展缓一年，应于道光二年起征租。左右二屯嘉庆二十五年添设，应于道光五年起征租。三屯旗丁三千名，每名谷二十仓石，每年共征租六万石，其[354]将粜谷价银，移驻京旗盖房安家。请于道光四年起，每年移驻二百户，每户除由京赏给治装盘费银三十两外，其盖房银一百二十两，置买牛只[355]器具银五十两，暂由吉林备用银两项下动支，以抽收参余及粜谷价银陆续归款，不致虚糜帑项。道光二年，砍木备料；三年，修盖二百户住房八百间。四年正月，移送闲散二百户。每户闲散应给房地、牛只[356]、器具及添设官兵建盖公所，一切章程，缮单具奏。奉旨：富俊奏，自道光四年为始，每年移住京旗二百户，分为四起送屯。该处预于道光二年伐木筑室，按户给予房间、地亩、牛具、盘费等项，逮及纤悉，并移驻后，添设官兵，盖房给地及该官兵升调挑补各事宜。

其计划甚为周备，均着照所议办理。其折单着发交八旗满洲、蒙古都统、副都统等，各晓谕所属旗人，使知迁移之乐。愿移驻者，各报明本旗，届期资送，授产力田，以厚生计。不得以桀骜不训之人充数，致扰淳风。各该旗仍将报名之户，咨报户部，每届年终，先行具奏一次。钦此。安设左右二屯旗丁二千户，妥立章程，屯丁俱各安业。所有砍木，相度地势盖房，招募商人就近立窑，烧造砖瓦及赴屯开铺造办器具，以[357]省运费。种种一切，均须筹议调度，尚赖窦心传经理。恳恩将窦心传知县原衔开复，以示鼓励。俾有顶戴，办理一切较为得力。俟道光四年移驻京旗安妥后，送部引见。等因。于道光元年正月十一日具奏。奉旨：允准。原拟给双城堡官兵随缺地亩，俾资当差。但地因随缺该官兵等无力开垦，亦难强使必行，至今空有随缺之名，不得地亩之益。乾隆十三年，大学士讷公钦等议覆，盛京将军达尔当阿奏，设[358]随缺地亩章程，每地十垧给牛一具，估银九两，置买犁铧等项，估银一两，共用银七万余两，在生息银两利银内加展扣还。在案所有三屯随缺地亩，协领一员八十垧；佐领六员，每员五十垧；骁骑校六员，每员三十垧；领催十六名、甲兵一百二十名，每名二十垧。以上本地官兵一分，共三千二百八十垧。加京旗官兵一分,共六千五百六十垧。援照盛京章程，每地十垧赏给牛犁等项银十两，共需银六千五百六十两。暂在抵补费用参余项下先行动支，在于前次奏准，添补中屯农器，动用参余银二万两，加展生息三年所得利银内归款，不动帑项。并援照移驻阿勒楚喀、拉林苏拉满洲成案，每年应派砍伐盖房木料兵二百名，按各城差务繁简，兵数多寡核计。每年阿勒楚喀、拉林派兵一百名，轮派吉林兵四十名，伯都讷兵四十兵，乌拉兵二十名，以足二百名之数。至道光二年冬季，派宁古塔兵五十名，三姓兵五十名，均与阿勒楚喀、拉林二处官兵会同，核计木数，砍伐运交。按年以次轮派，照数发给盐菜银两。各城出派砍木官四员，每年每员请赏给盐菜银十二两，具奏。奉旨，允准。移拨兵丁虽有随缺地亩，乃系随缺交代。若遇老病事故革退，便无容身糊口之处。将双城堡北面闲荒，东西展长一百二十七里、南北展宽五里、挖立大封堆一百二十七个，分定荒界，以备日后革退兵丁作为恒产。具奏。恩准。道光二年八月十五日，奉旨：松箖奏，查明双城中屯地亩，已经垦种之地，共六千五百余垧。应照六年升科之例，令其纳粮。惟此项地亩内有因屯丁残废病故脱逃另补，以致已开复荒，续挑之丁，到屯未满六年，自未便令其一体完纳，着该将军详细确查，其实届六年者，即着于本年秋收后按垧纳粮，余着暂行展缓。至修盖京旗住房，不应预备过多，致有闲旷[359]损坏。着按现愿移驻京旗户数修盖住房。此外，均着缓办。将来京旗续有咨报，由户部知照该将军，再行兴工，不致迟误。松箖接奉此旨，即移知富俊遵照办理。钦此。遵即停工，详核共实动用银一万六千二百六十二两零，未动用银二万零八十二两七钱七分二厘二毫，饬令委员等交库归款。前因中屯屯丁屡经脱逃，更补新丁甫经到屯，口粮不接，于筹划屯田节省项下动用。修建义仓九间，买谷二千石，陆续支借接济。现仅剩存谷五百余市石，遇青黄不接之时，不敷三屯接济，而左右二屯拉运还交亦属穹远。又筹划左右二屯，每屯添建义仓九间，置买市石谷三千石，中屯义仓连前旧存谷共存市石谷一千五百石，左右二屯各存市石谷一千石，俾资接济。所有设立双城堡三屯屯丁三千名，所给窝棚、牛只[360]、器具及修盖公所、仓廒、倒毙牛价，并修京旗住房、置买器具等项，原奏内均系按照物价扣合银数。嗣因市价长落不时，饬令承办各员，筹划妥实。委员砍伐房木，尺寸不敷之小木，估变价置。前后节省银钱，除陆续接济中屯屯丁冬日入山砍伐房木，买给皮袄，三屯穷丁踰冬制给棉衣裤，垦地添给铁耙齿，残废病故各丁添给还费器具，中屯公所添盖档房，添挖井眼，修建牌坊，三屯修建义仓、堆拨房，置买谷石并孳生乳牛，共动用银一千一百三十七两六钱、制钱一万三千四百三十串外，共剩存银四千一百五十两、制钱一万二千八十七串。三屯义仓，现存谷八千七百五十仓石。三屯屯丁，[361]收孳生乳牛二百四十只、小牛八十八只。此项钱粮剩存数目，每月户司立稿，将军、副都统公同画存。孳生牛只每屯分牧二只，每年孳生小牛除补足二百四十只倒毙额数外，即可赏给种地最多之丁，以示鼓励。惟银钱一项，于奏准开销之外，屯丁每有不时之需，日用日少，拟吉林理事同知发给殷实铺商，每月一分出息，以后尽此利息接济屯丁，毋许动用原本。以上三项，每任列入交代，具奏一次，原系筹节之项，毋庸报部，以归简易。将军富俊补授理藩院尚书，临行具奏。奉旨：交新任将军松箖查明实存数目，遵照妥办。务期钱粮不致短绌，屯丁永资接济。钦此。将军松箖到任后，以知县衔窦心传办理屯田事宜，劝课屯丁认真出力，已满三年，别无经手事件，奏请送部引见。奉旨：窦心传准其送部引见，该部知道。钦此。将军松箖筹议，由樽节生息项下奏准，中屯屯丁窝棚已经八年，均已歪闪，每丁给修费银三两。三屯义仓各添买黑豆五百石，按年春借秋还，以资接济耕牛之用。并建盖京旗住房，拟于距屯附近闲荒内建盖。屯丁、京旗各不相扰，俾日后人丁藩衍，免生嫌隙。饬令屯丁补修房间，并采买黑豆。至九月，将军松箖病故。奉旨，简放原任大学士松筠到任，查勘三屯情形，奏垦移驻闲散宗室，缘宗室有月饷，地方银钱渐裕，商贾自通，布匹等项物价渐自低减，地方饶裕而京旗闻风知为乐土，再行移驻。等因，具奏。奉旨：交军机大臣宗人府王公议复，未准行。四年，各该旗咨报，移驻京旗五十四户，即照原奏给京旗器具等物，预备妥协，先盖房四十所不敷栖止。将已修官房十九所内先令居住，并查前备料物，赶紧修盖房十四所，以便栖止。续将军富俊奉旨复调任吉林，于道光四年四月到任，赴双城堡。奏京旗闲散，素未习耕，初到，必借屯丁照拂指顾，易于学习。且在地方均系旗民杂处，未见生有嫌隙。今屯丁与京旗均系旗人，同处更无嫌隙相扰，应请仍照原丈地基，建盖京旗住房。奉旨：如所议行。将军富俊又筹议奏请敕下各旗，将愿赴双城堡闲散，务于十月内报齐户部，具奏。十一月初，即行知顺天府尹，直隶总督，盛京、吉林将军，凡有应办事件，地方皆得从容料理。定于次年正月初五日以后，初十日以前，立为准期。凡经过地方，皆于未奉咨行以前，已得预知其事，可以计程筹备，庶办理不致缓急失序，先后参差。嗣后由户部应发给每户治装银三十两，俟抵吉林后，由备用银两项下发给，作为雇觅工价之用。各户得以全获其利，庶可以日冀充裕。其荒地五垧，各有自雇长工，亦可随时开种。至弹压获送之大臣，由京简派，必须乘邮而来，年年往返，动劳驿站，皆关经费。嗣后由东三省年班入觐，回任之将军、副部统内，简派二三员，顺带弹压前来。伊等系回任之便。无须用驿供给，各有随带官员，足敷照料。仍令各该地方官，随同护送出境，则途次仍是大臣弹压，可免动驿，并可节省官力。至京旗所需车辆，此次系四五套大车，所领例价不敷，按站为之津贴。关内州县不过支应一二站，奉省地方官，即有接连数站者，吉林竟有应办十余站者，久必借词赔累亏空。且车辆直抵双城堡，该处非商集处所，无货可载，空回小民不无艰窘。凡此似应通盘筹划，务使旗民无亏，地方无累，方可经久。查该闲散等，每户大小不过数口，行李无多。春初地未融化，道路易行，嗣后移住京旗二三口之户，给予席棚二套，车一辆；三四口之户给予三套，车一辆。由京送至山海关，由关送至锦州，由锦州送至奉省，由奉省送至吉林，由吉林送至双城堡。分段递送，相距皆不过数百里，车可只予例价无庸津贴，换车地方俱系商贾辐辏处所，车户旋时可以载货，不至空回赔累。庶官民均有裨益。再本年修盖京旗住房一百所，其工价系奏定每间用银三十两，本系撙节估计，春夏道路泥泞，运脚倍增，縻费实有支绌情形。所有明年应行修盖住房百所，今冬备料，即于本年领办预备料物，可以节省运费，少抒工力。其六年应盖房木，亦于今冬派员发给盐菜银两往砍，以备明年河运，预为晒晾候用。又京旗沿途饭食，此次系官为预备，丰啬未定，成规以后，愿来者众多，地方官既难免不以赔累借口，京旗等亦难保必不借端滋事，自应立定章程，使旗民、地方彼此有所遵循。嗣后京旗每日早尖，各该地方委员，每人给制钱五十文。晚间住宿，即吃店饭，京旗饭食住宿，仍为得所，定有章程，而地方官照办亦觉易于从事。再一路村落店口无多，如百户前来，每站可分二起，前后行走，不至拥挤，店饭备办亦易。等因，具奏。奉旨：着照所奏办理。该部知道。钦此。又原奏每兵赏给盐菜银八两，砍办一所房木柁、檩椽柱二百一十三件，内有长二丈二尺五寸大柁，又有钜板之檄木，以及串排挽运上岸，势不能一人砍办，必须雇募民人帮做。八两盐菜实不敷用，历年均系各城津贴，名为以兵帮兵，实扣兵饷，有干例禁。筹议每名再加赏盐菜银四两，每年如砍二百所房木，加银八百两，不动正项，请于吉林义仓粜谷价[362]内动用银一万两，交商一分生息，每年可得利银一千二百两，给加添砍木盐菜银八百两，仍剩银四百两，归还原款。如此砍木即可从容办理，无词推卸，并不致再扣兵饷。应请立劝惩章程，砍木委员知惧，可期不误修盖京旗房间。砍木委员，果于年前照以尺丈数目砍伐齐全，次年八月内交足，咨部请给纪录二次。或虽运到而尺寸不敷，除将细小木植入官，罚其照数补砍，赶运交纳，功过相抵。如当年不能交纳，迟至次年方交者，罚俸一年；如次年仍不全交者，请降二级留任，仍罚俸一年，以示惩儆。奉旨：允准。道光四年三月二十五日，奉旨：容照等所奏，每旗屯适中之地建盖义学及严禁该屯丁冬令过江樵采，俱着富俊妥议具奏。钦此。吉林、奉省官兵闲散移驻未久，京旗闲散初到，幼丁无多，暂于中左右三屯公所，各建义学三间[363]，该管官亦易于稽查。除中屯前已由边荒容租钱内动用修盖义学三间，其左右二屯应建义学各三间，亦由地租钱内拔给钱四百吊，以资修建。于甲兵屯丁闲散内，择其通晓清汉文者，作为教习。自明年起，递年拨给三屯束脩、膏火等项钱各二百吊，并责成该协领、佐领等严查课读，不致日久废弛。至双城堡西北一带，松花江北为蒙古郭尔罗斯地方，可觅木柴。右屯左翼四旗去江岸三二十里，该屯尽[364]令樵采，难保不无滋生事端，自应严行禁止，以杜流弊。如有私行过江樵采者，即照私出边例治罪。具奏。奉旨：允准。遵饬该屯协领等，动用官租钱项修盖义学，选择教习，于次年正月开印后，开馆课读。中屯两翼移驻京旗闲散五十四户，每翼四旗，拟于京旗闲散内各放总屯达一名，副屯达一名，以资约束，查报滋生户口，遇事赴公所呈报。仍照以前奏准三屯设立总屯达之例，赏戴金顶，每名月给工食银一两，遇闰增给，由参余项下动支报销。副屯达不给工食。等因，具奏。奉旨：依议。将军富俊于八月二十二日，携印亲诣双城堡，挨屯查勘始到京旗秋成收获、度日光景，家家粮草堆积，足敷用度。并查原奏中左右三屯屯丁三千名，每丁给地三十垧，五年后征租二十仓石。中屯于道光二年起征，左右二屯于道光五年起征。道光二年六月原任将军松箖遵旨赴任黑龙江之便，奏请双城堡地亩屯丁种地，实届六年，照现种垧数按垧纳粮，以纾丁力。等因，奏准。道光二年、[365]三年仅征收中屯、两翼屯丁等交纳仓石谷七千七百三十余石。本年按丁种地[366]数核计，已满五年，应征粮四千七百余石。其左右二屯，明年已届六年交粮之期，若仍照原任将军松箖调剂章程纳粮，是勤苦[367]多纳，懒惰者少输，未免苦乐不均，似未平允。该丁等竟有多种少报地数者，而递年核数，加增征粮，实属繁冗，亦难稽核。现在屯丁种地七八垧至二十余垧、三十垧不等，连年丰收，一垧地至少打粮四五市石，交官一仓石，合市石只用四斗。已有余资，应筹议酌量丁力，请于明年起，除交京旗地亩之丁不纳粮外，将中左右三屯屯丁，无论现种地亩多寡，五六两年，每年每丁纳仓石谷十石，合二万八千余石。至七年，按照原拟章程，每丁各纳仓石谷二十石，以符原议而昭核实。等因。道光四年十月初五日。奏。奉旨：允准。道光五年二月，钦差黑龙江将军禄成、宁古塔副都统和福，弹压带来京旗闲散七十四户，询明有与上年移驻京旗系亲谊者，使之共居一屯，欢聚照应。每户由阿勒楚喀、拉林闲散内先已雇给长工二名，预为烧炕、担水，京旗一到如归。将地亩、牛只、口粮、器具，俱照数按户交领。查每年砍运木植，按屯建盖京旗房间，以及户婚、田土、词讼案件，一切公事较前倍增。文移络绎，原设兵丁无多，步送公文实形竭蹶，请添一站，第应设马田革[368]豆银两。国家经费有常，未便加增，筹议于吉林所属西北两路三十八站内通融，抽撤宫马十匹，牛十只[369]，连倒毙、草豆银两，一并拨给，仍归北路[370]监督管理。并据该监督呈报，周近各站穷丁内情愿移驻双城堡者七户，照各站设笔帖式一员，即于双城堡协领处办事贴写内挑补，仅给俸米，仍食原饷。由北路站外郎内拣放委领催一名，外郎一名，五年后，遇各站领催缺出拨补。站设于双城堡南门外，以便牧养，于闲荒内每站丁拨给地二十垧，以资养赡。所有站房及站丁，每户房三间，以及棚槽鞍辔器具、打井等项，筹款捐办，不动公项。奏。奉谕旨：所办好，依议速行，钦此。遵[371]办。将军富俊复奏：移住京旗只身散内[372]不必拘有妻室，只有父母子女或有伯叔兄弟及伯叔婶母愿同来者，二三人以上均准算户，照原定章程应得各项全分给予，自必踊跃愿来。奉旨：富俊等奏双城堡移住京旗章程，请于只身闲散内，量为变通一折。前据户部奏，移驻京旗章程，只身不准算户前往与调剂穷苦旗人，本意未协。请将只身闲散或父子兄弟均系只身俱统作一户，分别给予房间、器具等项，通融办理，当交富俊覆议。兹据奏，只身闲散一人到屯，既恐举目无亲，易致游荡。且每户应得房间、牛具等件亦难减半分给，诸多窒碍。惟只身闲散有父母子女，或伯叔兄弟、伯叔父母同往者，二三人以上作为一户，尚属可行，着照所请。嗣后京旗只身闲散内，不必拘定有妻室，但有父母子女或伯叔兄弟、伯叔父母愿一同移驻者，二三人以上均准算户，照原定章程给予全分地亩、房间、牛只[373]、器具等项。其治装银两，仍由吉林给发，以资耕种之用。钦此。又奏准：修盖京旗住房，派协领二员，分左右翼监修；派佐领、防御八员承修。一旗五屯如照定式做法，于八月内修竣者，给予纪录二次。如泥工完竣，木工于九月内完者，功过相抵。如修不合式或院墙未筑，未镇墙顶者，罚俸一年。如至九月底仍修不竣者，降一级留任，仍罚俸一年。如有偷工减料者，严参治罪。两翼协领督修于八月内修竣三旗者，给予纪录二次。如至九月尚有不齐全者，罚俸一年。严定劝惩章程，委员等依限兴修，不致有误。户部议覆：道光六年，愿往移驻京旗共一百八十九户，内因该处盖成房屋不敷居住，按册开出户止二口，现食钱粮之四十一户，归入七年移驻。外至京旗闲散咸知双城堡安居乐业，愿往者因[374]渐增多。若每年限定二百户移驻，必致有裁撤，阻其踊跃之忧。着该将军多派干练员弁，将房间一切，广为筹备，勿致临时周章贻误。本年应添佐领、骁骑校等官，原议三千户，共设佐领六员、骁骑校六员、协领一员。此时移住不至十分之一。暂毋庸添佐领，着先设骁骑校二员，即于三次移驻京旗内该将军秉公挑选充补。俟移驻足五百户后，添设佐领一员，即由此次挑补之骁骑校内拣选，奏请升补。所遗骁骑校员缺，再由移驻内闲散挑补。未设立佐领以前，骁骑校仍令三屯佐领兼辖，将来移驻足三千户时，再由该将军于佐领六员内拣选，奏请升补协领一员。俾移驻京旗人等咸知上进有阶，更为踊跃。所需俸饷，仍照该将军原议，在吉林备用银内动支。其应添领催二名，亦着该将军于移驻闲散内挑选充补。嗣后移驻京旗，皆常年办理之事，不必再令年班来京之将军、副都统、管带前往。每年移驻，届期着直隶总督于文职道府，武职副将、参将内，每起各选[375]派一员，轮流沿途护送，弹压照料。出关以后，着盛京将军、奉天府尹、锦州副都统递派文武员弁接管前进。所有应给住房、车辆及饭食钱文，悉照原议章程，随时给发，遵即分饬照办。道光六年正月初二日。奉旨：富俊筹办双城堡移驻屯田事宜，妥协周详。现在移驻各户，安居乐业，京旗人等闻信愿往者日益增多。该将军经理其事，不避嫌怨，尽心宣力，著有成效，深堪嘉尚。富俊着加恩，晋加太子太保官衔，以示朕优奖荩臣至意。钦此。将军富俊谢恩。奏称：设立双城堡移驻京旗，均仰赖圣主，不昔帑项办理有成。富俊莅任此地，与京旗闲散谊关骨肉桑梓，伊等度日一切用度，筹议妥备，系分内之事，毫无功效。乃荷圣恩，赏加太子太保宫衔，不胜感戴天恩。等因，具奏。在案。二月移驻京旗闲散到吉，派员护送至屯，安置妥毕。将军富俊遂于四月初一日，携印赴双城堡，挨屯面询京旗各户，咸知感戴皇恩，勤力耕作，麦苗出土寸余，禾稼耕种方完，视为乐土。随有镶黄等八旗闲散富珠隆阿等四十二名，呈称仰蒙圣恩，赏给房屋、牛只[376]、器具周全，地土肥美，足可成家立业。恳请行知本旗，令伊等父子兄弟戚谊，明年即来团聚，共享乐土等情，伏地跪恳。除咨行各该旗查办外，复至中屯公所，传集三次移驻京旗闲散，面试清汉文字、马步骑射，秉公选验。有本年移来告退刑部司狱伯勃克图，五年移来马甲现充委官德明安，均能骑射，识满汉文，补放骁骑校。披甲倭克金布、领催舒成，弓马娴熟，亦识满汉字，挑补领催。责成分管左右两翼，仍归该屯协领、佐领等兼辖。同日附片，奏：恳京旗陆续移来二百七十户，分拨中屯两翼四十屯居住。计一总屯达经管二十屯，道路纡远，势难兼顾。虽有副屯达，并无顶戴工食，徒有差使，毫无鼓励，遇事每多退缩不前。请照原设中左右三屯每旗五屯，放总屯达一名，副屯达一名之例，由京旗闲散内再添总屯达六名，副屯达六名，连前共各八名，分管八旗。其总屯达请赏戴金顶。每名月给工食银一两，计添六名，每年共应添工食七十二两，遇闰加增，仍由参余项下动支，年终报销。其副屯达亦请赏戴虚衔金顶，不给工食，与总屯达一体稽查户口，呈报事件。移来京旗闲散多系赤贫，且不谙耕种，初到此地，基业未立，不免拮据。请援照拉林、阿勒楚喀闲散满洲之例，每年十二月内每名赏钱十二吊，以为粘补农器、衣服之用。每名只给五年，以后各习惯种地，毋庸再给。嗣后陆续裁减。此内鳏寡孤独尤为堪悯，亦请照拉林、阿勒楚喀闲散满洲每名给银五钱之例，按名每月给钱一千二百文[十八]。此项赏钱，请由吉林税银项下，动用银三万两，连前奏准贴补三屯屯丁农器、交商生息参余银二万两，共五万两，交吉林同知，择殷实铺商，一分生息，计每年应得利银六千两，定數应用。再商民纳利，惟恐平头，银色不变，请按市价交钱。具奏。奉旨：允准。遵即发给同知银两，交商生息，得利备赏京闲旗散，以资接济。后接准户部知照，道光七年，愿来京旗户数，即派文武员弁于二月初旬，赴威远堡界，接到京旗八十五户，询明凡系父兄子弟亲谊，安置一屯，以便互相照料耕作。随将伊等应得房地、牛只、一切器具数目，刷印执照，各给一纸，到屯照数检收发给。三屯六八力弓各三张，交协领、佐领按季操演，不废骑射。兵农并重，度土开荒，至此而经营大备矣。

伯都讷屯田

道光四年十一月十三日，将军富俊遵旨筹议。复奏：开垦伯都讷空闲围场，既无林木，又无牲畜，约计地二十余万垧，天地自然之利，可资旗人万年生计。查吉林伯都讷、阿勒楚喀等处，现有纳丁讷粮民八万九千四百余户。此等民户安居已久，生齿日繁，地不敷种，亦冀认荒开垦，当必争先恐后。所有认垦荒地，牛具、籽种、农器，均系自备。每人准领地三十大垧，四人联名互保。第六年升科，每垧地征制钱三百文，小租钱三十文。俟移驻京旗闲散到日，交京旗地二十垧，其余十垧作为己产，仍按数纳粮。现当认垦之始，旷野之地，应预凿井盖房。请照双城堡章程，每丁赏给盖窝棚银四两。三十户为一屯，每屯打井二眼，每井给银十八两。听其自行打井、建盖窝棚。计每丁共合用银五两二钱，在双城堡中屯升科谷价既[377]备用项下支领。至起租之年每丁地三十垧，合纳制钱九千文，一年归款，尚有敷余。统计地二十余万垧，不无稍稗帑项。即将来移驻京旗闲散费用裕如，较之办理双城堡旗丁垦种，事半功倍。所有附近旗丁情愿认垦者，悉照民人一律办理。惟移驻京旗交地二十垧，其余十垧作为己产，免其纳租。此项地二十余万垧，创垦之初，陆续招认，不能同时并垦。所需经费办理尚易，且仅离伯都讷城百余里，所有词讼以及升科征租各事宜，均交伯都讷副都统督率该厅理事同知妥为经理。将来招集民垦或须添官盖房，临时再行仿照双城堡章程，妥议具奏，并咨伯都讷各城，出示晓谕招垦。派员丈地分屯，申画经界，以道光五年为始，其所征小租作为各项弁兵、书役、工食、心红纸张费用。每年招有佃户名数，领地若干及动用银两数目，统于每年秋成后汇奏一次。等因。具奏。奉旨：均着照所议行。钦此。遵即咨行伯都讷副都统等衙门，出示晓谕，名其地为新成屯。分八旗两翼，每旗立二十五屯，每屯各设三十户，以治本于农务滋稼穑八个字为号。每一字各编为二十五号，共计二百屯。初报之户积至三十户，为治字第一号，即令归入镶黄旗头屯，拨给地段垦种。续报再积至三十户为本字第一号，归入正黄旗头屯。以后，依号按旗挨拨，周而复始。八旗地界可以同时并垦。五年已认佃一千一百二十七户，按八旗分拨四十三屯。嗣据伯都讷委员勘丈，新成屯闲荒仅敷一百二十屯，即将五年所招佃户分拨字号，均改每旗十五号。六年认佃九百十七户，分拨三十一屯。七年认佃一千五百五十六户，分拨四十六屯。前后综计一百二十屯。星罗棋布，与双城堡为表里。旗无征粮，民有恒产。将军富俊为生民计，为京师旗人万世计也。后之踵议屯田者，得此卷以为率由，则事不难矣。

手头所据本皆有《新刊吉林外纪跋》：

甲午夏穆访重黎兵备于鸠江。时兵备欲流传古籍及近人经世实用之书十数种。先以嘉庆间长白西清研所撰《黑龙江外记》八卷属为校刊，是年冬完工。复以道光初吉林堂主事满洲萨英额吉夫所撰《吉林外纪》相授，与研斋之书相辅而行。其书十卷，分门别类，均有条理。《自序》有云："事必征实，言皆有据。"实能副之。特其足迹未能全境周到，所记亦不无疏略，与研斋之书亦约略相等。重黎云："研斋之书第二卷述城堡有云，"石晋末，胡峤陷辽，为萧翰掌书记，居福州。宋徽、钦二宗入金，居五国城。以地理考之，福州、五国城应在今黑龙江境内。余于光绪初传钞此书，即知此说之谬，比疑此城近会宁府，当在今吉林乌喇、宁古塔之间，终以茫无实据，不能确指为今之何地。彼时漫注数语，聊以存疑。后乃知乾隆间有副都统绰克托筑吉林伯都讷城，得紫檀匣，中藏宋微宗画鹰一轴，墨迹如新，并得古铜瓷器多端。又有碑碣录徽宗晚年日遍，于天会十三年寄迹于此。曾经数载。考《宋史》，徽、钦二宗入金初，徙韩州，后移冷山，皆不出今吉林内地。终徙五国城，故址即今伯都讷城。乾嘉间老辈考求地理，颇有知之者，而汲修主人曾载诸《啸亭杂录》、颍川逸士亦载诸《东省记闻》。虽互有详略，而证据无殊。今吉夫之书第二卷记阿勒楚喀城城南二里有金显祖建都故城，俗称白城，有谓五国城者，误。第九卷《古迹》"三姓"条，"五国部"下，据《辽史·营卫部族志》考得五国头城之名亦为详核。盖五国城古名五国头城，亦曰五国城头。当时并设节度使领之。又吉夫于"五国部"下征引守、金诸史及元明一统志，洪宣《松漠纪闻》，并近代高士奇《扈从录》等书，参考五国头城故址所在，均未有合，且云：其高祖由京升吉林正黄旗佐领至今五世，合为吉林人，留心考查，无此城基，又曰：考论古今五国城在三姓无疑。《松漠纪闻》《扈从录》里数地名传闻互异，不足为证。姑论此，以俟后之博览君子。盖吉夫著此书时，汲修主人及颍川逸士之书尚未行世，虽能辨阿勒楚喀城南二里白城谓为五国头城之误，而又以为三姓无疑,终曰“俟后之博览君子”亦尚不失古人著书慎重之体。余以研斋之书属为校刊，未及将此段公案详注于彼书，城堡所论五国城条下，今吉夫之书亦不能自明，子其详书，以弥两书之疏漏可也。重黎所述如是。穆以吉夫之著此书上距乾隆间绰克托筑伯都讷城时上下不过五六十年。当时故老或有见而知之者，或有闻而之知者，何至如其所云，自其高祖至今五世为吉林人留心考查，无此城基而竟一无所闻邪？由此类推，吉林全省故事，当详而不能详，当载而不及载且不知凡几矣。惟东三省之地除《盛京通志》外记载寥寥，赖有研斋、吉夫之书讲求舆地之学,有备经世实用者不能深有所取焉。此则重黎校刊两书之微旨也夫。

光绪二十一年岁在乙未夏五月桐城萧穆书于春申江上。

又，从书集成初编本有《吉林外纪》刊误

《吉林外纪》校勘记

〔一〕固庆:道光三十年五月任吉林将军。咸丰三年五月二十六日革。

〔二〕人以捕貂为恒业。按“广雅书局”本（以下简作“广雅本”）、“渐西村舍汇刊”本（以下简作“渐西本”）作：索伦人以捕貂为恒业。

〔三〕库尔喀气满洲附近朝鲜。按广雅本、渐西本及《小方壶斋舆地丛钞再补编》铅印本（以下作小方壶本）俱作：库尔喀气，朝鲜附近居住满洲。

〔四〕珲春副协领一员。按广雅本及小方壶本作：珲春协领一员。

〔五〕届期由驿颁发。按广雅本、渐西本及小方壶本，俱无此六字。

〔六〕年终咨报刑部。按广雅本及渐西本作：造册咨送户部。

〔七〕每年三月九月。按广雅本、渐西本及小方壶本俱作：年终、三月、九月。

〔八〕未颁。按广雅本及渐西本作：殿无存本。以下同。

〔九〕添习清文翻译。按广雅本、渐西本及小方壶本俱作：添习清汉文翻译。

〔十〕在城西北隅。按广雅本、渐西本及小方壶本俱作:在城东南隅。

〔十一〕嘉庆七年。按广雅本及小方壶本作：嘉庆十七年。

〔十二〕乌拉旗地共四万零三百三十垧。按广雅本、渐西本及小方壶本俱作：四万零三百三十八垧。

〔十三〕延烧旗民房屋八千余间。按广雅本、浙西本及小方壶本俱作：延烧旗民房屋八十余间。

〔十四〕契丹尽忠反。按《新唐书·列传》一四四作：契丹尽忠杀营州都督赵翽反。

〔十五〕度辽水。按《新唐书》度辽水前有与乞四比羽及高丽余种东走十五字。

〔十六〕周刻篆字三十一。按广雅本、浙西本及小方壶本俱作：周刻以清斯外照明光辉象夫日月心忽而顾照虽寒而不泄长毋相忘见日之光三十一字。

〔十七〕可垦二千余垧。按广雅本、浙西本及小方壶本俱作：可垦二万余垧。

〔十八〕给钱一千二百文。按广雅本、浙西本及小方壶本俱作：给钱一吊二百。

校注

[1] 中华文史丛书本“吉林外纪”（广雅本）作“人字”。下文简称“广雅本”。

[2] 续修四库全书版“吉林外纪”（浙西村舍本）为谿，下文简称“续修本”。

[3] 续修本为“记”。

[4] 续修本为“学浅”。

[5] 续修本为“君子”。

[6] 续修本为“记”。

[7] 同上。

[8] 同上。

[9] 同上。

[10] 续修四库全书版“吉林外纪”（浙西村舍本）中华文史丛书本“吉林外纪”广雅本、丛书集成初编本（下文简称“其他三本”）写作“浮”，四库本《圣祖仁皇帝御制诗文集》作“浮”。

[11] 原手抄本无此标题，笔者为统一体例加。

[12] 续修本、初编本为“潦”。

[13] 续修本、中华文史、丛书集成本为“屯”。

[14] 续修本、丛书集成本无此字。

［15］续四库、文史本、丛书本为“墅”。

［16］续修本、文史本、丛书本均是“进”。

［17］根据续修本、文史本、丛书集成本改为“含”。

［18］续修本、丛书集成本在此处加“殊”字。

［19］其他三本均作“匪”字。

［20］此处固无法见到手抄本，据其他本及文意改。“元伯”是马瑞辰字，古人字是尊称，此处落款是马瑞辰自题，一般情况下不大可能将字放在名之前。

［21］其他三本为“那”。

［22］其他三本为“隅”。

［23］其他三本均加“啰”字。

［24］其他三本作“伯”中国历史地图集作“白”。

［25］此处其他三本作“西同东至”,建议出校标明。①查历史地图集，伯都讷在今扶余附近，“西至……”合理。②混同江即今松花江与后文称呼“公花江”重复,颇怪。③地图上看伯都讷西不可能有松花江水系，此处或系抄本有误，或是当年传刻有误，在刻本中文字有润色和修订。

［26］查《宋史》交无此语（用古籍库检索，有“辽以宾铁为号，取其坚也。宾铁……。金之色白，完颜色尚白，况所居按出虎水之上。”原文为意引而非正文引，所以去掉引号。

［27］其他刻本无“勒”以字义推之，“勒”应去掉。

［28］续修本，文史丛书本脱“至”字，丛书集成本同。

［29］天顺五年御制序刊本均写作“颠”，后同。

［30］其他三无“大”字。

［31］其他三本均作“丹”。

[32] 其他三本均作“湖”。

[33] 其他三本均无“二”，疑抄本衍。

[34] 此处据《明一统志》加“江”。

[35] 同上。

[36] 续修本、文史本脱“尼”。

[37] 其他三本均作“断折”。

[38] 其他三本均作“木”。

[39] 续修本作“恩”，误。

[40] 其他三本均作“客”。

[41] 此处：续修本作“凡尨屯齐岭”，丛书本作“兀尨山、屯齐岭”文史作“兀尨屯齐岭”略有差异。

[42] 此诸本文字不同，续修本写作“噶哈岭、蒲泊山”，其后为“黑乌郎吉山”文史本写作“噶哈岭、浦泊、额黑……”而丛书本则无“噶哈岭”等接“额黑乌郎山”，或是商务本在初勘发现“噶哈喇岭”“蒲泊山”与其文重复，故删除。

[43] 集成本写作“稜”。

[44] 修续本作“代土”。

[45] 金史原为“可測”。

[46]“金史”并无“帝记”篇名，卷一·本纪第一载“混同江亦号黑龙江”。

[47] 其他三本均作“虎”。

[48] 此处其他三本均作“鱼”，抄本显误盖行书“魚”“兼”在写法上或有形近，当年整理时未作是非校，以为与抄本文字不同，便取抄本文字。

［49］其他三本均无“为”。

［50］其他三本均无“曰”。

［51］其他三本均为“岗”。

［52］其他三本均有“者”字。

［53］修续本：吉林惟正黄旗有一世袭佐领，色布青额，系布特哈佛满洲人。

［54］其他三本均作“繁多”。

［55］文史本：投八；续修本：役八；丛书本：投八。

［56］其他三本作“啰”。

［57］其他三本均作“啰”。

［58］其他三本无“于”。

［59］其他三本均写作“鄂摩霍”。

［60］其他三本均作“照”。

［61］其他三本均作“四十五”。

［62］其他三本作“社哩”。

［63］其他三本均无“拉林”。

［64］其他三本均作“马曰”。

［65］其他三本均无此“抟”字。

［66］其他三本均作“汪色”，疑抄本或整理过程中摘抄误。

［67］其他三本均作“啰”。

［68］其他三本均无“东”字。

［69］此处其他三本写作“十一二十五”，疑为“十一、二十五”。

［70］其他三本均作“二百”。

［71］其他三本均有“有”字。

[72] 其他三本均作“历任将军”。

[73] 其他三本此处均有“惠”字。

[74] 其他三本此处为“授川陕楚大将军，追封郡王。”

[75] 其他三本，此处加“理藩院”。

[76] 其他三本无。

[77] 其他三本此处为“缺裁”。

[78] 其他三本为“里”。

[79] 此处为嘉庆二十四年任。

[80] 其他三本无。

[81] 其他三本无。

[82] 其他三本均无此句。

[83] 其他三本无。

[84] 其他三本无。

[85] 其他三本无。

[86] 其他三本无。

[87] 其他三本均作“黄”。

[88] 其他三本无。

[89] 其他三本无。

[90] 其他三本均写作“德清阿　宗室、乾隆五十四年任。”

[91] 其他三本无。

[92] 其他三本无。

[93] 其他三本无。

[94] 其他三本无。

[95] 正白旗满洲都统常安佐领下人。

[96] 正白旗满洲王保佐领下人。

[97] 镶红旗贵保佐领下人。

[98] 镶黄旗满洲达福佐领下人。

[99] 正白旗满洲噶尔炳阿佐领下人。

[100] 正蓝旗满洲国祥佐领下人。

[101] 镶白旗满洲都统永和佐领下人。

[102] 镶黄旗满洲孚兰泰佐领下人。

[103] 正白旗满洲索浑佐领下人。

[104] 镶红旗满洲瑚图哩佐领下人。

[105] 镶红旗满洲吉尔通阿佐领下人。

[106] 正黄旗蒙古乌尔德尼佐领下人。

[107] 镶蓝旗蒙古富酿阿佐领下人。

[108] 觉罗镶蓝旗满洲奇尔萨佐领下人。

[109] 其他三本无。

[110] 其他三本无。

[111] 其他三本均为弑。

[112] 其他三本无。

[113] 其他三本无。

[114] 其他三本加“成都府”。

[115] 其他三本加“绍兴府”。

[116] 其他三本加“绍兴府”。

[117] 其他三本无。

[118] 其他三本无。

[119]“此处加色布兴额佐领下人”。

[120] 正蓝旗满洲鄂尔弼图佐领下人。

[121] 镶黄旗满洲公喜伦佐领下人。

[122] 正白旗满洲富安泰佐领下人。

[123] 正红旗满洲托恩多佐领下人。

[124] 其他三本无。

[125] 其他三本无。

[126] 其他三本为“务”。

[127] 其他三本无。

[128] 其他三本无。

[129] 其他三本无。

[130] 其他三本无。

[131] 其他三本无。

[132] 其他三本无。

[133] 其他三本无“额数”二字。

[134] 其他三本写作“弓铁匠”。

[135] 其他三本写作“弓铁匠”。

[136] 其他三本均写作“弓铁匠”。

[137] 其他三本为“舱”。

[138] 其他三本为“仓官一员，仓笔帖式二员”。

[139] 其他三本此处加“催领二名”。

[140] 其他三本在此处加“仓领催二名”。

[141] 其他三本改为“啰”。

[142] 其他三本改为“副都统公署”。

[143] 其他三本为“四”。

[144] 其他三本为“弓铁匠”。

[145] 其他三本此处为“副都统七署笔帖式四员”。

[146] 其他三本无。

[147] 其他三本为“仓官一员，笔帖式二员”。

[148] 其他三本为“副都统笔帖式四员”。

[149] 其他三本无。

[150] 其他三本无。

[151] 其他三本为“二”。

[152] 其他三本为“副都统”。

[153] 其他三本为“六”。

[154] 其他三本无。

[155] 其他三本无。

[156] 其他三本无。

[157] 其他三本为“六房各有经制一名”。

[158] 其他三本此处加“公”。

[159] 其他三本为“俸饷仓储事宜”。

[160] 其他三本加“银”。

[161] 其他三本无。

[162] 其他三本为“舱”。

[163] 其他三本无。

[164] 其他三本无“两”字。

[165] 其他三本为“赏银”。

[166] 吉林公仓额存粮七万石，

义仓额存粮三万四千石。

宁古塔公仓额存粮二万五千石，

义仓额存粮一万一千石。

珲春义仓额存粮二千五百石。

伯都讷公仓额存粮二万五千石，

义仓额存粮一万石。

三姓公仓额存粮三万石，

义仓额存粮一万二千石。

阿勒楚喀公仓额存粮二万五千石，

义仓额存粮五千石。

拉林公仓额存粮二万五千石，

义仓额存粮五千石。

[167] 其他三本为“每年印房、四司、官参局、理事厅，例应题奏咨部事宜”。

[168] 其他三本改为“一、四月内，应奏乌拉采捕东珠官兵起程折；一、六月内，应奏庆贺万寿正副表文二分；一、七月内，应奏恭叩万寿折；将军、副都统及各城副都统同列衔。一、八月内，应奏庆贺皇太后万寿正副表文二分；一、九月内，应奏庆贺长至正副表文四分；一、九月内，应奏采捕东珠数目折；一、十月内，应奏由围场进鲜贡单；一、十一月内，应奏庆贺元旦正副表文四分。初次奏进鲟鳇鱼，二次奏进鲟鳇鱼折；一、十二月内，应奏恭叩元旦折一分。将军、副都统及各城副都统同列衔。”

[169] 其他三本改为“圣驾谒陵及巡幸地方，计起銮回跸之日，先行奏接送圣驾恭请圣安折。将军、副统及各城副都统同列衔。”

[170] 其他三本为“奏本折，俱各届期具稿，呈画后，送印房恭缮”。

[171] 其他三本无。

［172］其他三本无。

［173］其他三本无。

［174］其他三本无。

［175］其他三本为“条”。

［176］其他三本无。

［177］其他三本为“折”。

［178］其他三本无。

［179］其他三本为“二年更换，二年任满，拣放”。

［180］其他三本无。

［181］其他三本加“咨覆”。

［182］其他三本加“之”。

［183］其他三本无。

［184］其他三本为“每年于”。

［185］其他三本无。

［186］其他三本为“用剩银数”。

［187］其他三本无。

［188］其他三本无。

［189］其他三本无。

［190］其他三本无。

［191］其他三本加“查明”。

［192］刻本另起，写作：“一、库贮备用官差牛具红白事，赏银额征税银，动存用项，题咨核销，已详库贮类。”

［193］其他三本改为“一、新将军到任，照例具奏，并咨报兵部、查验官员、兵丁、军装、器械，于三个月限内，结报具奏。

一、新将军接任，将旧存敕书，恭送该科衙门，改换领取。

一、吉林所属历年额设领催、前锋、甲兵、匠役，分别造具汉册，每年按两季咨送兵部。

一、三月、九月〔七〕，将吉林所属各处大小官员履历，造册二本，咨送兵部。

一、题过本章数目，按四季造册，咨送通政司。

一、六月内，将各站一年应付过公费银两并买补倒毙牛马银两数目题销外，仍造册咨送兵部。

一、年终将官员、兵丁、军装、器械查验，结保具题。仍将军器数目，汇总造册，咨送兵部。

一、年终将吉林所属各处官员、兵丁额数，咨报兵部。

一、将吉林所属库贮炮位及鸟枪数目，咨报兵部。

一、年终将吉林所属各处发到安插人犯数目汇总，咨报军机处、刑部。

一、十月内，恭进风干鹿肉贡单。

一、十一月内，恭进鹿尾、各色土物贡单。

一、每年将遵照勘合火牌，应付过各项差使、站马廪给数目，按四季造册，咨报兵部。

一、每年将勘合火牌，视动用将完，即往报兵部领取，以足二十张之数。

一、蒙古道路票，视动用将完，即往理藩院领取，以足五张之数。

一、将吉林所属各处出差等项官员之缺，拣派兼管之员月日，每年按四季造册，咨送兵部。

一、秋季出派员烙补各站牛马印记，并查验草豆，年终咨送兵部。

一、文职堂主事、管站监督、助教官、仓官等缺如有升，故所遗之缺行文、查取应拣人员，拟送吏部，带领引见，请旨补放。

一、衙门无品级翻译等项、笔帖式及各站笔帖式缺出，将应拣人员选放，咨报吏部注册。

一、武职官员如有升故，所遗之缺随时行文、查取应拣人员选放，咨送兵部，该旗带领引见，候旨补放。”

［194］其他三本为“一、监禁斩绞重犯，历年于四月内秋审具题。

一、免死发遣为奴盗犯脱逃，彼时奏报，并于各处咨缉。拏获时审明，一面正法，一面奏闻。

一、吉林所属历年发到太监内已死若干，脱逃若干，现有若干，数目查明，历年二月内，咨报内务府。

一、一年内军流徒等犯，咨报刑部，于年终汇题。

一、一年正法人犯数目，并正法月日，于年终汇题。

一、雇人偷刨人参，财主不分旗民，俱发云南等省充军。并无财主，只身潜往偷刨，得参一两以下，杖六十，徒一年；至五十两，杖一百，流三千里。为从及未得参，各减一等。购买贩卖飞参等犯，照偷刨已得参人犯例减一等治罪。一年所办总数，于年终汇题。

一、吉林所属发遣为奴及当差人犯脱逃者，每月造册报部。拏获、自行投首者若干、未获者若干数目，于年终分别咨报军机处、刑部。并将应行查议为奴之家长、旗分、佐领、该管各官职名，送部查议。

一、一年内拏获私参数目，于年终汇题。参斤解送内务府。

一、一年内入官赃罚银两数目，于年终汇题。将银抵充本处官兵俸饷。

一、一年内发遣安插人犯内，因不守分，有无改发者，年终咨报军机处、刑部。

一、各处副都统衙门，审送徒罪以上贼盗案件及人命案件，俱照例咨报刑部。

一、吉林地方旗民交涉、贼盗案件及旗人斗殴人命事件，俱系刑司办理。徒罪以上者，俱咨报刑部。旗民交涉、斗殴、人命及单民案件，理事同知衙门办理。

一、一年内吉林所属命案事件，限内审办，已结未结之处，年终咨报军机处、刑部。

一、吉林各处节年发遣为奴及当差人犯内病故、脱逃数目、现在实有数目，年终咨报军机处、刑部外，未获者，咨行各省严缉。

一、私入围场，偷打牲畜十只以上者，杖一百，流三千里；二十只以上者，发乌鲁木齐等处种地；三十只以上者，发乌鲁木齐等处给兵丁为奴。其零星偷打随时破案者，一只至五只，杖一百，徒三年；至五只以上者，再枷号一个月。其偷砍树木，五百斤以上者，杖一百，流三千里；八百斤以上者，发乌鲁木齐等处种地；一千斤以上者，发乌鲁木齐等处给兵丁为奴。其零星偷砍随时破案，数十斤至百斤者，杖一百，徒三年；一百斤以上者，再枷号一个月。为从各减一等。无论初犯、再犯，均面刺“盗围场”字样。”

[195] 其他三本无此句，并在句首加“一、”。

[196] 其他三本为“五月二十八日”。

[197] 其他三本无。

[198] 其他三本为“一、松花江神庙、贮龙船房，及公署、仓库、监狱、城墙等项，并各处工程，如在二百五十两以下，先行料估报部，俟部覆到日，动用粜谷银两修理。工竣时造具细册并取查验官等结报部核销。二百五十两以上，先行料估具题；五百两以上，先行料估，恭折奏闻。均俟部文到日动项修理。工竣后造具细册，并取查验，官员甘结题销。”

[199] 其他三本为“恭折奏闻”，并在句首加“一、”。

[200] 其他三本无，并在句首加“一、”。

[201] 其他三本无，并在句首加“一、”。

[202] 其他三本为“一、吉林、宁古塔散放参票数目，每年于五月内，奏闻。

一、十一月内具题参务公费银两数目。

一、吉林、宁古塔二处，应散放参票，每年于十一月内奏闻，派员赴户部请领。

一、吉林、宁古塔二处，散放余剩参票，并接济刨夫银两，奏闻后，将余剩参票，派员缴回户部。

一、每年所收官参，派员解送，于十二月内，恭折奏闻。”

理事厅

一、征收地丁、钱粮数目，于正月内先行奏闻。

一、征收木税银两数目，于四月内具题。

一、征收地丁杂税银两数目，于四月内具题。

一、单民及旗民交涉、人命、盗窃词讼等案，犯徒罪以上者，俱具稿呈请，分别咨部。”

[203] 续修本作“林”，从书本、文史本为“琳”。

[204] 其他三本无。

[205] 从文庙系列建筑群落看，此处应为“棂星门”。

[206] 丛书本为“罕父子黑国、原子亢、谦子洁叔、仲子公、公西子舆、如郜子巽、陈子亢、琴子张、叔叔子乘”。

[207] 续修本亦作“哲”，显误。

[208] 此处续本，文史本均另起，丛书本作“□”疑文本源脱，待考。

［209］其他三本均作“很”或是通“狠”。

［210］文史本、续修本、丛书本脱。

［211］其他三本均作“阐”，文意更顺，疑原误。

［212］其他三本为：“一部十六本”。

［213］其他三本为“《开国方略》一部四套十六本，《八旗世族通谱》一部六套二十六本，《盛京通志》一部八套六十四本，《清文户部则例》一部本殿无存，《清文大清律例》一部六套四十八本，《清文工部则例》一部本殿无存〔八〕，《清文礼部则例》一部本殿无存，《康济录》一部一套六本，《耕织图》一部四套本殿无存即授时通考，《渊鉴类涵》一部三十套一百四十本，《清字四书》一部一套六本，《清字五经》一部十一套五十二本。蒙古《圣谕广训》一部一套二本。”

［214］其他三本为“十三”。

［215］其他三本为“银”。

［216］其他三本为“银”。

［217］其他三本为“银”。

［218］其他三本为“银”。

［219］其他三本为“银”。

［220］其他三本为“银”。

［221］其他三本为“将军富俊亲笔改正，并时常赴学考验功课，优者奖励，给以笔墨劣者交助教开导指引，文教日兴。”

［222］其他三本无。

［223］其他三本为“银”。

［224］其他三本为“满”。

［225］其他三本为“一”。

[226] 其他三本无。

[227] 其他三本为“内”。

[228] 其他三本为“六”。

[229] 此处是推测脱“正”字,但无版本依据但北山建筑群落尚在,可实地而考。

[230] 其他三本为“即天齐庙正殿三楹”。

[231] 其他三本为“修建”。

[232] 应作“玄”,避康熙讳。

[233] 其他三本为“耳房二楹,钟楼一座。”

[234] 其他三本为“一”。

[235] 其他三本无“二:一”字样,此处后文仅介绍一次,故应为一处,此或是原抄本误或是清刻过程中失误。

[236] 其他三本为“东南”。

[237] 其他三本为“近”。

[238] 其他三本顺序为:“田赋、公署、物产、人物”。

[239] 其他三本为“棉”。

[240] 其他三本为“三”。

[241] 其他三本为“啰”。

[242] 其他三本为“啰”。

[243] 其他三本为“啰”。

[244] 其他三本为“棉”。

[245] 其他三本为“栅栏全”。

[246] 其他三本无。

[247] 其他三本为“棉”。

[248] 其他三本为："东厢房三间，西厢房三间"。

[249] 其他三本为"赍保　大学士，军机大臣。吉林镶蓝旗满洲。

舒赫德　大学士，平定图尔古特、新疆、山东临清州。珲春满洲。

慎泰　户部侍郎。吉林正黄旗满洲。

顺海　都察院左都御史。吉林镶黄旗满洲。

穆克德恩　领侍卫内大臣，西安将军，出师巴里坤。乌拉满洲。

富德　御前大臣，领侍卫内大臣，议政大臣，理藩院尚书，方略馆副总裁，管理翻书房左翼右官学新旧营房事务，正黄旗蒙古都统。出师巴里坤、金川、云南。一等威勇侯。吉林正黄旗满洲。

额勒登保　御前大臣，太子太保，领侍卫内大臣。出师缅甸、石峰堡、金川、台湾、廓尔喀。又授川、陕、楚经略大臣，赏戴双眼花翎，晋封威勇公。世袭一等威勇侯，霍隆武巴图鲁。乌拉满洲。

哈朗阿　御前侍卫、前锋统领，世袭一等威勇侯。出师河南、喀什噶尔。西朗阿巴图鲁。额勒登保之子。乌拉满洲。

博崇武　福建副将。出师兰州、山东，金川。玛桑巴图鲁。吉林正黄旗满洲。

朱尔杭阿　御前侍卫、都统、前引大臣，兼管上驷院、武备院事务。出师廓尔喀哈、山东、兰州。七达勒巴图鲁。吉林正黄旗满洲。博崇武胞弟。

巴特玛　正白旗都统。出师金川。奇而特依巴图鲁。吉林正黄旗满洲。

多隆武　四川提督。出师川、陕、楚。巴图鲁。吉林镶白旗满洲。

尼玛善　成都将军。出师川、陕、楚。吉林镶白旗满洲。多隆武之侄。

特依顺保　黑龙江将军。出师川、陕、楚。奇成额巴图鲁。珲春满洲。

格布舍　宁夏将军。出师川、陕、楚、河南。巴图鲁。珲春满洲。

僧保　吉林副都统。吉林正白旗满洲。

灵泰　盛京副都统。吉林正蓝旗满洲。

武灵阿　吉林副都统。出师云南、金川。奖赏花翎。吉林正红旗满洲。

佟海　熊岳副都统。吉林正蓝旗满洲。

乌雅勒达　署齐齐哈尔将军，伯都讷副都统，塔尔巴哈台参赞大臣。出师巴里坤、云南、金川。奖赏花翎。乌拉满洲。

达嵩阿　三姓副都统。出师金川。奖赏花翎。乌拉满洲。乌雅勒达之胞弟。

苏伦保　伯都讷副都统，加都统衔。出师川、陕、楚、喀什噶尔。哈布台巴图鲁。吉林正黄旗满洲。

常在　山东青州副都统。出师川、陕、楚。博奇巴图鲁。三姓满洲。

索住　吉林副都统，兼乌拉总管。奖赏花翎。乌拉满洲。

吉禄　吉林副都统，兼乌拉总管。乌拉满洲。索住之子。

乌陵阿　喀什噶尔办事大臣，前引大臣。出师川、陕、楚、喀什噶尔。奖赏花翎。吉林镶白旗满洲。

舒尔哈善　呼伦贝尔总管，喀什噶尔办事大臣。出师川、陕、楚、河南、喀什噶尔。舒玛海巴图鲁。吉林镶白旗满洲。

穆腾额　阿勒楚喀副都统。出师川、陕、楚。吉利杭阿巴图鲁。吉林正白旗满洲。

明德　黑尔根副都统。出师川、陕、楚。嘎而萨巴图鲁。乌拉满洲。

武登额　熊岳副都统。出师云南、金川、台湾、川、陕、楚。嘎尔萨巴图鲁。八十岁，五世同堂，奉旨赏“恩荣介寿”匾额。吉林镶白旗满洲。

德海　爱珲副都统。出师川、陕、楚、河南、喀什噶尔。腾奇特依巴图鲁。阿勒楚喀满洲。

和福　宁古塔副都统。出师河南。奖赏花翎。吉林额穆赫索罗满洲。

精钦保　乾清门行走，阿勒楚喀副都统。出师川、陕、楚。奖赏花翎。珲春满洲。

倭楞泰　吉林副都统。出师川、陕、楚、喀什噶尔。赏换花翎。吉林镶蓝旗满洲。

安福　乾清门行走，前锋统领。出师川、陕、楚、喀什噶尔。吉林镶蓝旗满洲。

富永　熊岳副都统。出师金川、川、陕、楚。奖赏花翎。吉林镶蓝旗满洲。

富僧德　乾清门行走，护军统领。出师川、陕、楚。巴图鲁。珲春满洲。

阿勒罕巴保　乾清门行走，副都统。出师川、陕、楚、喀什噶尔。巴图鲁。珲春满洲。

富兰　察哈尔都统。护军统领，出师川、陕、楚。奖赏花翎。吉林正黄旗满洲。

我朝发祥长白，国初佐命貔貅之士，皆出自吉林省，载在史册。今自乾隆年间开录，补志之未载也。”

［250］其他三本加“各”。

［251］其他三本加“地”。

［252］其他三本无此句。

［253］其他三本为“官牛三百条，内岁应倒毙牛六十条”。

［254］其他三本无。

［255］其他三本加“银”。

［256］其他三本为“俟”。

［257］其他三本为“官牛七十八条，内岁应倒㹀牛十六条”。

［258］其他三本为“官牛三十六条，内岁㹀倒牛七条”。

［259］其他三本为“官牛九十条，内岁应倒牛十八条”。

［260］其他三本为“官牛三十六条，内岁应倒㹀牛七条”。

［261］其他三本为“鸟”。

［262］其他三本此处接“人物”。

［263］其他三本为“名”。

［264］其他三本为“盛京以东各河蛤蚌”。

［265］其他三本加“珠”。

［266］其他三本为“艾”。

［267］其他三本为“蒜”。

［268］此处建议仍用繁体,据《现代汉语词典》简体字并无“山韭”之意。

［269］其他三本此处“加鱼”。

［270］其他三本为“成”。

［271］其他三本为“成”。

［272］其他三本为“多”。

［273］其他三本为“名”。

［274］其他三本无。

［275］其他三本加“实”。

［276］续修为“人”。

［277］其他三本为“哩”。

［278］续修本、文史本作“细细”。丛书本作“细”。

[279] 其他三本均作“挛如”。

[280] 此处丛书本标点亦在“秧”后，然细味上下文，“嫩谷”与“秧”意或重复，因此标点或在“秧”前为宜，“秧白花如碎星”在文意上更通。

[281] 其他三本为无。

[282] 其他三本为“处”。

[283] 其他三本为“哩”。

[284] 其他三本为“哩”。

[285] 其他三本为“蟒袍、妆缎、绸缎、布匹诸物”。

[286] 其他三本为“取”。

[287] 其他三本为“哩”。

[288] 其他三本加“黑津”。

[289] 其他三本为“勇”。

[290] 其他三本为“采”。

[291] 其他三本为“哩”。

[292] 其他三本为“竟”。

[293] 其他三本无。

[294] 其他三本无。

[295] 续修本为“邦”。

[296] 续修本为“邦”。

[297] 其他三本为“拏”。

[298] 其他三本为“刀”。

[299] 其他三本无。

[300] 其他三本为“啰”。

[301] 其他三本为“头”。

[302] 其他三本为“头”。

[303] 其他三本为“头”。

[304] 其他三本为“头”。

[305] 其他三本为“头”。

[306] 其他三本为“头”。

[307] 其他三本为“头”。

[308] 其他三本为“头”。

[309] 其他三本为“头”。

[310] 其他三本为“头”。

[311] 其他三本为“头”。

[312] 其他三本为“头”。

[313] 其他三本为“阅”。

[314] 按:此处写作“閒”,刻本中“閒”字均两用,视文意而为“间”或“闲”，此处若为“间”与下句“饲”不对仗，推测意应为“闲”。

[315] 续修本作“荒三子”。

[316] 续修、文史本脱“三”。

[317] 三本均为“硐”据文意疑抄本误。

[318] 其他三本为“掷柴块于硐口”。

[319] 其他三本为“至官”。

[320] 其他三本为“以”。

[321] 其他三本均无此处文字。

[322] 其他三本为：“国语，额特赫”。

[323] 其他三本无。

[324] 续修本作“祸福”。

[325] 其他三本为“宗”。

[326] 文史本为“厥类惟彰，天有显道”，续修本为“厥类惟钦，天有显道。”

[327] 续修本为“失”。

[328] 元天岭，即玄天岭，“元”避清圣祖爱新觉罗・玄烨讳。

[329] 其他三本为“植”。

[330] 其他三本加“库”。

[331] 新唐书・东类・新罗作“九朔三年”。

[332] 其他三本为“字音也”。

[333] 其他三本为“欃”。

[334] 此处《新唐书・渤海》谓“玄宗开元七年，祚荣死，其国私谥为高王。子武义定,斥大出宇,东北诸夷谓之,私改年曰仁安。”疑“高武义”后脱“立”，“直”为“斥”。

[335] 新唐书亦作“徙”，原本误应改。

[336] 其他三本为“扶”。

[337]《金史・地理上・上京路》为“虎”结合后文此处应为“虎”，若底本如此须改。

[338] 其他三本无。

[339] 其他三本为“坏”。

[340] 其他三本无。

[341] 其他三本为“案”。

[342] 金史引用至此。

[343] 其他三本为“宁”。

[344] 其他三本加“吉林”。

［345］其他三本为“蒞”。

［346］其他三本为“街”。

［347］其他三本加“各项”。

［348］其他三本为“用”。

［349］其他三本为“头”。

［350］文史本为“二”。

［351］其他三本为“遵”。

［352］其他三本为“条”。

［353］其他三本为“条”。

［354］其他三本为“来春出粜”。

［355］其他三本为“条”。

［356］其他三本为“条”。

［357］其他三本无。

［358］其他三本无。

［359］其他三本为“荒”。

［360］其他三本为“条”。

［361］其他三本此处加“分”。

［362］其他三本加“银”。

［363］其他三本加“其”。

［364］其他三本均作“冬”。

［365］其他三本为“十”。

［366］其他三本加“实属”。

［367］其他三本加“者”。

［368］文史本、续修本为“牛草”。

[369] 其他三本为“头”。

[370] 其他三本加“站”。

[371] 其他三本加“即照”。

[372] 其他三本为“邮政行而兵力息，筹计无所不到矣。移驻京旗只身闲散内”。

[373] 其他三本为“条”。

[374] 其他三本为“日”。

[375] 其他三本为“遴”。

[376] 其他三本为“条”。

[377] 续修本为“暨”。

图书在版编目（CIP）数据

吉林外纪 / 萨英额撰；史吉祥，张羽点校. -- 长春：吉林文史出版社，2020.11
（长白文库）
ISBN 978-7-5472-7379-1

Ⅰ. ①吉… Ⅱ. ①萨… ②史… ③张… Ⅲ. ①吉林—地方志—清代 Ⅳ. ①K293.4

中国版本图书馆CIP数据核字(2020)第216078号

吉 林 外 纪
JILIN WAIJI
出品人：张 强
撰 者：（清）萨英额
点 校：史吉祥 张 羽
丛书主编：郑 毅
责任编辑：程 明 戚 晔
装帧设计：尤 蕾
出版发行：吉林文史出版社有限责任公司
电 话：0431-81629369
地 址：长春市福祉大路出版集团A座
邮 编：130117
网 址：www.jlws.com.cn
印 刷：吉林省优视印务有限公司
开 本：170mm×240mm 1/16
印 张：12.5
字 数：200千字
版 次：2020年11月第1版 2020年11月第1次印刷
书 号：ISBN 978-7-5472-7379-1
定 价：108.00元